ÖSTERREICH IN DER TASCHE

Herausgegeben von
Christoph Wagner

DAS WEIN VIERTEL

Zauber der Weite

Von Barbara Sternthal

STÄTTER

Ein weites Meer aus gelben und grünen Hügeln tut sich vor den Augen des Betrachters auf. In dieser Landschaft endet die Zeit – in dieser Landschaft beginnen die wahren Dinge des Lebens Bedeutung zu gewinnen.

Felder bei Stockerau

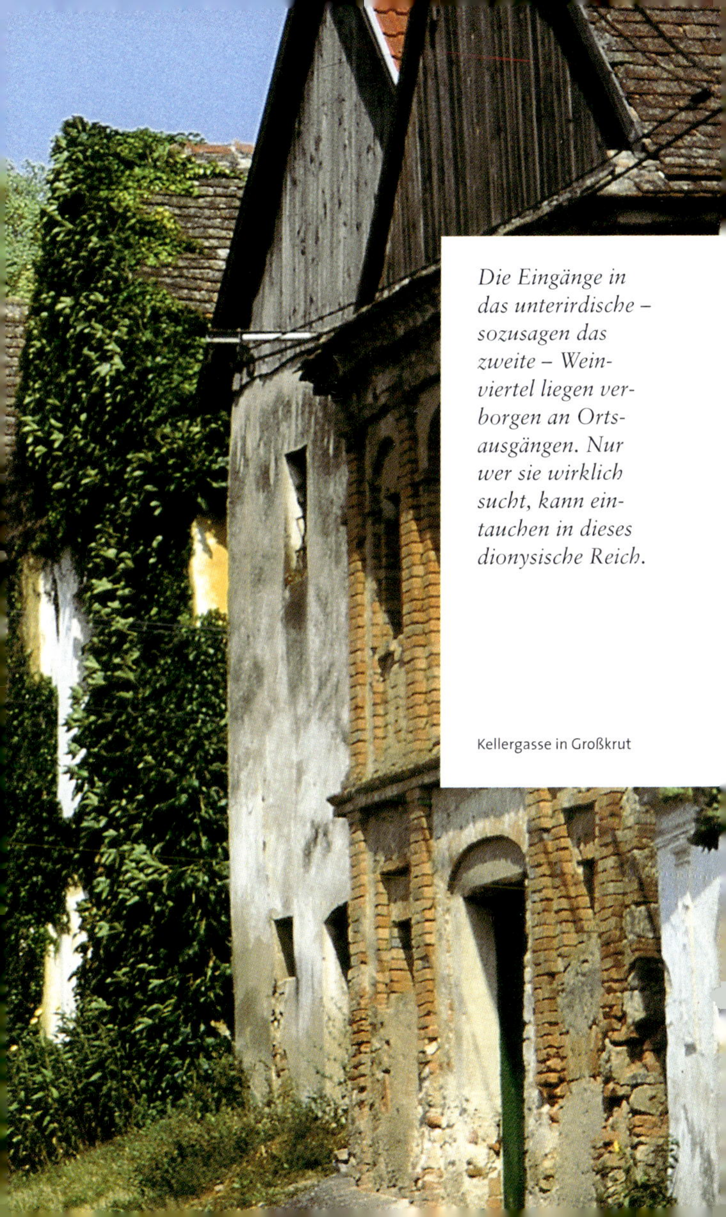

Die Eingänge in das unterirdische – sozusagen das zweite – Weinviertel liegen verborgen an Ortsausgängen. Nur wer sie wirklich sucht, kann eintauchen in dieses dionysische Reich.

Kellergasse in Großkrut

1

Weinviertler Impressionen

- Liebe auf den zweiten Blick
- Zu ebener Erde – und darunter
- Weinviertler Vokabular

1

Von Hügeln und Ebenen, Erdställen und Hausbergen. Von Kellergassen und Rieden, Erdäpfelkirtagen und Kürbisfesten.

Geschichten von der Liebe auf den zweiten Blick

Das Weinviertel hat etwas von einer Liebe auf den zweiten Blick: Man sieht hin – und es passiert gar nichts. Zufällig ergibt sich eine zweite Begegnung – und es ist geschehen. Wie Schuppen fällt es einem von den Augen, wie schön es hier ist.

Sicher, wenn man beim Vergleich mit der Liebe bleibt, euphorisch-himmelhochjauchzend – das ist nicht unbedingt die Sache des Weinviertels. Es hat nichts Großartig-Gewaltiges, nichts Mondän-Faszinierendes. Es präsentiert sich vielmehr vermeintlich lieblich und gleichförmig: sanfte Hügelrücken in gelb und grün, da und dort Ebenen mit plötzlich aufragenden Klippen, die aber auch wieder nicht so hoch sind, als daß sie erschreckend wirken könnten.

Am schönsten ist mir das Weinviertel an einem prächtigen Altweibersommertag, wenn der Dunst die Hügel mit Weichzeichner behandelt und man den Eindruck hat, ein Füllhorn, übervoll mit Früchten, würde vor einem ausgebreitet. Oder doch an einem Frühsommertag? Wenn man bei einem Spaziergang um Prinzendorf zum Beispiel an einem brachliegenden Feld vorbeikommen kann, auf dem Mohnblumen und wilde Kamille sich heiter ausbreiten. Und im Hochsommer, wenn man den Eindruck hat, daß das ganze Land in flirrender Hitze vor sich hin döst und nicht geweckt werden will aus seinem Traum vom Wein, der bald viel Arbeit macht, wenn die Zeit der Lese anbricht. Der Winter dagegen ist schon etwas für stärkere Gemüter – angezuckert mit Schnee, überzogen mit einer harten, abweisenden Frostdecke liegen jetzt die Hügel wie schlafende Riesen, unberührt vom pfeifenden Nordostwind, der uns Wachen durch Mark und Bein geht. Wahrscheinlich träumen sie von einer warmen Stube, in der es köstlich duftet. Die Riesen müssen schlafen, wir können den Traum wahr machen.

Die Geschichte vom Lineal

Ein Viertel – das ist an sich ein schönes, klar abzugrenzendes Maß. Als Grundlage des Ganzen stellt man sich also auch etwas ganz Gerades, Viereckiges oder, wenn es denn sein muß, Rundes vor. Irgend etwas eben, das sich schön in gleichmäßige Viertel teilen läßt.

Wer das jedoch vom Weinviertel annimmt, irrt ganz gewaltig. Ja, es stimmt schon, es ist eines der vier niederösterreichischen Viertel, und da gibt es Ecken und Enden, die ohne Zweifel zum Weinviertel gehören. Poysdorf zum Beispiel oder Asparn, Mistelbach und Falkenstein. Schwieriger wird die Entscheidung, wenn es um Grenzen und die an ihnen gelegenen Orte geht: Wohin gehört bitte schön zum Beispiel Eggenburg? Und was ist mit Hardegg? Und der Wagram? Wald- oder Weinviertel, Donauland oder Wein-

Sonnenblumenfeld im östlichen Weinviertel

viertel, das ist hier die Frage. Wenn also einer meint, es sei doch völlig klar, das Viertel unter dem Manhartsberg ist es, und um nichts anderes geht es, so sei ihm eine Karte unter die Nase geschoben: Wenn der Manhartsberg wie eine Stricknadel verliefe, und das daran hängende Gestrickte wäre das Weinviertel, dann wäre alles klar. So einfach macht es uns das Weinviertel aber nun leider nicht. Denn der Manhartsberg ist nur ein kleines Stück auf der Landkarte, verläuft in südnördlicher Richtung – und ist ansonsten ziemlich durchlässig. Gut, wir wollen hier nicht Fragen aufwerfen, die uns längst geklärt wurden: 1753 war es, als die Verwaltung der Übermutter Maria Theresia ein Lineal anlegte, und zwar ziemlich gerade von Schloß Hardegg im Norden bis zum Schloß Grafenegg im Süden, einen Strich zog – und fortan war alles östlich davon Weinviertel. So geht das nämlich, ohne langes Herumgerede.

Aber: Wenn man diesen Strich nachvollzieht, dann wird man schnell bemerken, daß das Marchfeld beim besten Willen nicht mehr zum Weinviertel

gehört. Aber haben Sie schon einmal vom Weinviertel ohne Marchfeldschlösser gehört?

Das Ende dieser Geschichte geographischer Unklarheiten ist: Kompromisse müssen geschlossen werden. Oder anders gesagt: Die Grenzen werden durchlässig. Denn ohne Marchfeldschlösser geht es auf keinen Fall.

Aber eigentlich geht es gar nicht um geographische Spitzfindigkeiten, sondern darum, den Zauber dieser spröden, ja herben Landschaft einzufangen. Irgendwie ist das Weinviertel nämlich eine Zwischenstation: Es hat nicht die bizarre Mystik des Waldviertels und nicht die schier unendliche Weite der Pannonischen Tiefebene. Es hat Hügel, unzählige, mit Feldern, die wie am Reißbrett gezeichnet vor einem liegen. Es hat Ebenen, die von Zeit zu Zeit unvermittelt durch eine schroffe Klippe unterbrochen werden. Und – das Weinviertel gibt es zweimal, einmal über und einmal unter der Erde. Doch davon später.

Erdgeschichte für Anfänger

Zum Muscheln sammeln muß man nicht an den Lido. Hardegg tut es genauso. Denn dort, wo sich heute das Weinviertel ausbreitet – oder, genauer gesagt, im heutigen Donauraum –, erstreckte sich vor rund 25 Millionen Jahren eine gewaltige Meeresstraße. Alles in allem muß es klimatisch und landschaftlich so gewesen sein wie heute in Indonesien: ziemlich warm, ziemlich feucht und zusätzlich bevölkert von allerlei urzeitlichem Getier. Seekühe und Krokodile taten sich um, wo heute Pferde grasen.

Kein Wunder also, wenn man beim Spazierengehen Muscheln oder Haifischzähne findet.

Daß wir das alles heute so genau wissen, verdanken wir einem Büchsenmacher aus Eggenburg und ein bißchen auch dessen Vater: Johann Krahuletz, seines Zeichens passionierter Hobbypaläontologe, fand erst zufällig und suchte dann systematisch weiter – das Ergebnis, vielfältig und umfangreich, kann man sich heute noch ansehen. Denn bar jeglicher Niedertracht, wie man sie den wirklichen Könnern in Österreich so oft angedeihen läßt, bekam Johann Krahuletz noch zu Lebzeiten ein ganzes Museum, und das wurde sogar nach ihm benannt.

Noch zwei Sätze zum Boden: Zugegeben, im Weinviertel wächst viel Wein, aber nicht nur. Kürbisse gibt es hier auch, und Gurken in Retz. Daß aber der Wein hier gut gedeiht, das verdankt er dem Lößboden.

Zu ebener Erde – und darunter

Der Löß wird durch den Wind getragen und abgelagert, ist ein Staubsediment und hat seinen Ursprung in der Eiszeit. Man kann sich das also bildlich vorstellen: Den Wind, der den Staub verbläst, der sich wiederum locker ablagert und über die Zeit und durch die Feuchtigkeit zur festen Bodenformation wird. Großporiger, luftdurchlässiger und geschmeidiger als so mancher andere Boden, verändert er sich: Er kann einbrechen, Mulden bilden, ja sogar kleine Schluchten entstehen lassen. Hier liegt der Ursprung für das unterirdische Weinviertel, für die Erdställe, die Kellergassen und die so selbstverständlich wirkenden Lößkeller.

Ein sattes Ockergelb ist der sichtbare Beweis dafür, daß man sich auf – oder in, je nachdem – Lößboden befindet. Es wäre interessant, einmal ein dreidimensionales Modell des unterirdischen Weinviertels zu bauen. Irgendwie müßte es futuristisch anmuten, ein bißchen wie die unterirdischen oder extraterrestrischen Städte in Science-fiction-Filmen. Allein Retz ist mehr oder weniger zur Gänze von einem weitläufigen Kellernetz „unter"-zogen. Oder die Erdställe zwischen Althöflein und Großkrut.

Oberirdisch meistens malerisch ein Stückchen außerhalb des eigentlichen Ortes gelegen (der Hintaus – hinterer Hofausgang also – bezeichnet das Wirtschaftsviertel am Dorfrand, das für gewöhnlich direkt zu den Kellergassen führt), sind die Keller unterirdisch weit mehr als bloßer Lagerraum für Weinfässer.

Tatsächlich ist es nämlich so, daß die Weinkeller auch den Männern vorbehaltene Kommunikationsräume sind – um es einmal sehr städtisch und deshalb vielleicht ein wenig unpassend auszudrücken. Freud hätte seine Freude: Da sitzen sie, die Weinbauern, friedlich zurückgekehrt in den Schoß der Erde, lassen ihre Frauen zu Hause (außer wenn die Zeit der Lese anbricht und die Arbeit den Männern allein zuviel wird) und geben sich archaisch. Aber gleichviel, Kellergassen haben etwas Besonderes an sich, ein bißchen etwas Geheimnisvolles, ein bißchen etwas Verbotenes.

Noch viel geheimnisvoller ist die Sache mit den Erdställen. Denn so ganz klar ist deren Sinn und Zweck nicht. Waren es Verstecke für die Dorfbewohner, die vor den

Rapsfeld bei Stockerau

Schweden im Dreißigjährigen Krieg auf der Flucht waren? Das wäre eine relativ logische, unspekulative Erklärung. Aber die Bauart der Erdställe, die schon beim Betrachten der Photographie eines solchen klaustrophobische Zustände hervorruft, spricht wiederum gegen diese einfache Erklärung. Oder ist es doch nur unser Wunsch nach Geheimnis?
Wie auch immer: Keller und Erdställe sind eine unterirdische Welt für sich, die man vielleicht am besten einfach so nimmt, wie sie ist, und deren Geheimnis man denen läßt, die es (vielleicht?) gelöst haben.

Weinviertler Vokabular

Trockene Linguistik gefällig? Die Weinviertler Mundart hat einige unverwechselbare Besonderheiten. Eine davon ist die dem Fränkischen verwandte „ui"-Mundart, die im 14. und 15. Jahrhundert entstand und auch in Teilen Oberösterreichs, Südmährens und im Waldviertel gesprochen wird. Das hochdeutsche „u" beziehungsweise das bayerische „ua" wird dabei zu „ui". Also wird die „Muada" zur „Muida", die „Kuh" oder „Kuah" zur „Kui": „Muida, gib da Kui a Fuida" – alles klar?
Heute wird diese Weinviertler Mundart fast nur noch von älteren Leuten gesprochen.
Aber im Weinviertel gibt es auch Begriffe, die schön hochdeutsch sind und die trotzdem keiner versteht. Da gibt es zum Beispiel etwas, das sich „Bergtaiding" nennt und nichts anderes ist als eine Versammlung von Berggeschworenen, die für alle im Zusammenhang mit dem Weinbergrecht auftretenden Probleme zuständig waren. Im Laufe der Zeit entstand daraus ein eher scherzhaft gemeintes Rügegericht als Höhepunkt der Weinlesefeste. Das heute noch bekannte „Falkensteiner Berggericht" übrigens ist eine Qualitäts- und Vermarktungsge-

meinschaft von Falkensteiner Winzern ... Wollen wir's dabei belassen und nur noch zwei Begriffe klären: den Hausberg und die Hüata.

Hausberge sind nichts anderes als künstliche Erdaufschüttungen – und ein unübersehbares Charakteristikum vieler Weinviertler Orte. Früher hat man sie immer wieder mit hallstattzeitlichen Tumuli verwechselt. Im Gegensatz zu diesen sind sie jedoch nicht nur um einiges jünger – die meisten Hausberge stammen aus dem Mittelalter –, sie dienten auch ausschließlich der Verteidigung und sind einst als strategische Beobachtungsposten aufgeschüttet worden, von denen aus man mit Hilfe sogenannter Kreudenfeuer (doch ein dritter Begriff) das Herannahen von Feinden zu melden vermochte. Schöne Beispiele solcher Hausberge sind der Hasterberg bei Eichenbrunn, der Glockenberg von Hagenberg, der Schloßberg in Klement und der Hutsaul in Altlichtenwarth. Auch der Alte Markt von Zistersdorf wurde auf einem Hausberg angelegt.

Der Hüata hat mit dem Bergtaiding zu tun: Hüata heißt Hüter,

und die sogenannte „Hutzeit" dauerte früher von Beginn der Traubenreife bis zur Lesezeit. Die für dieses Amt vom Berggericht mit Exekutivgewalt ausgestatteten jungen Männer zogen sich während dieser Zeitspanne abwechselnd in die Hüterhütten in den Weinbergen zurück und schützten die Reben gegen Traubendiebe. Außerdem hatten sie die Aufgabe, mit Peitschenknall ungebetene Vogelscharen zu vertreiben.

Rund um dieses Hüteramt hat sich im Laufe der Jahrhunderte vielerlei Brauchtum entwickelt, das allerdings allmählich in Vergessenheit gerät. Die meisten Hüterhütten sind heute nur noch Ruinen. Erhalten hat sich das „Weinhüten" in Schrattenberg, jedoch nicht aus Brauchtumsgründen, sondern um die lästigen Stare zu verscheuchen.

Von der Vielfalt

Jedenfalls gibt es im Weinviertel viel zu entdecken. Obzwar mit diesem vielversprechenden Na-

Links: „Most-Tragl"
Unten: Kellerrunde

men bedacht, geht es hier – wenn auch vorwiegend – gar nicht nur um den Wein. Womit immer der geneigte Besucher es hält, ob mit dem Wein oder doch lieber mit anderen Früchten des Bodens, ob mit Kellern oder Kirchen, mit Schlössern oder Burgen – fündig wird er in jedem Fall. Und wenn es ihm um Natur pur geht, dann ist er im Weinviertel sowieso richtig. Bloß wer sich vordergründige Lieblichkeit und oberflächliche Freundlichkeit erhofft, der wird im Weinviertel vielleicht nicht ganz so glücklich werden.
Und unternehmen läßt sich im Weinviertel eine ganze Menge. Die sanfte Gleichförmigkeit der Hügel soll hier keinen hinters Licht führen. Radfahren kann man, bis der Drahtesel unter einem zusammenbricht, wandern in fast unendlichen Weiten. Und wer sein Glück auf dem Rücken der Pferde suchen will, muß sich nur noch entscheiden, welches Weinviertler Eck ihm am besten gefällt. Wer sich hingegen auch nur ein bißchen für Geschichte interessiert, befindet sich im Weinviertel auf den Spuren von rund 20 000 Jahren menschlicher Besiedelung.
Herz, was willst du mehr. Außer einem Viertel Wein vielleicht.

2

Weinviertel Checklist

- für Eilige
- für Wißbegierige
- für Bewegungs-hungrige
- für Ruhe-suchende
- für Unterneh-mungslustige

2

Vom Nonseum in Herrnbaumgarten über die romanischen Reliefs in Schöngrabern bis zum Weinlesefest in Retz: Alles was das Herz begehrt.

Checklist für Eilige

☛ In Altlichtenwarth auf den Hutsaulberg gehen und sich von der Aussichtswarte einen Überblick über die Hügel des östlichen Weinviertels schaffen.

☛ In Asparn an der Zaya zumindest durch das urgeschichtliche Freiluftmuseum gehen.

☛ In Eggenburg am Hauptplatz sollte man zumindest das „Gemalte Haus" gesehen haben.

☛ Die Kellergasse in Falkenstein gilt als eine der schönsten im ganzen Weinviertel.

☛ Eine wirklich groteske Anlage ist der Heldenberg bei Fels am Wagram.

☛ Großmugl ist der berühmteste Grabhügel im Weinviertel – man sollte ihn auch gesehen haben.

☛ Nach Hadres fahren und durch die längste geschlossene Kellergasse des Weinviertels gehen. Danach am Schloßweingut Graf Hardegg Weine kosten und einkaufen.

☛ Wer das Nonseum in Herrnbaumgarten nicht gesehen hat, weiß nicht, was uns zu unserem Glück an Erfindungen wirklich noch fehlt.

☛ In der Nähe von Laa an der Thaya fließt die Thaya ein Stück über österreichischen Boden – hier kann man herrlich baden gehen.

☛ Dem sprudelnden Weinbrunnen in Retz zum Bezirkslesefest einen Besuch abstatten.

☛ Den „Weberkeller" in Röschitz mit den vielen Porträts darf man auf keinen Fall versäumen!

☛ Am revitalisierten Bauernhof in Simonsfeld einkaufen.

Für Wißbegierige

☛ Das Urgeschichtsmuseum in Asparn an der Zaya bringt Erwachsenen wie Kindern Lebensweise und Handwerk unserer urgeschichtlichen Vorfahren anschaulich nahe, unter anderem beim Keltenfest, das eine breite Palette spaßiger Aktivität anbietet.

- In Eggenburg findet man das Krahuletz-Museum, das unter anderem jene geologischen und paläontologischen Exponate zeigt, die der autodidakte Geologe Johann Krahuletz (1848–1928) in der Umgebung Eggenburgs fand – darunter einen Krokodilschädel und das Skelett einer Seekuh.
- Schaudermachende Auskunft über die Gerichtsbarkeit vergangener Zeiten gibt der Galgen in Großkrut.
- Im Schloß Jedenspeigen ist die historische Schlacht zwischen Ottokar von Böhmen und Rudolf von Habsburg im August 1278 ausführlich dokumentiert.
- Jüdische Gemeinden gab es in mehreren Weinviertler Orten. Aber in Korneuburg kann man noch eine Synagoge aus dem 14. Jahrhundert sehen.
- Das bringen Romantiker zustande, wenn sie das nötige Kleingeld haben: Die Burg Kreuzenstein steht zwar auf uralten Grundmauern, ihr Aussehen aber verdankt sie den phantastischen Vorstellungen, die sich der Bauherr Graf Wilczek vom Mittelalter gemacht hat.
- Das Kutschenmuseum in Laa an der Thaya nennt einen höchst sehenswerten Fuhrpark sein Eigen: Schlitten, Post-, Gala- und

Krahuletz-Museum in Eggenburg

Jagdkutschen aus einer Zeit, als die PS noch in einstelligen Ziffern angegeben wurden.

☛ Dem renommiertesten österreichischen Bildhauer der Jahrhundertwende – Anton Hanak (1875–1934) – ist in Langenzersdorf am Fuß des Bisambergs ein Museum gewidmet.

☛ Wer wissen möchte, wie man sich im Weinviertel vor dem möglichen Super-GAU schützen will, muß nach Loosdorf in der Nähe von Fallbach: Hier wurde ein Weinkeller in einen atomsicheren Schutzraum für fünfzig Personen verwandelt.

☛ In Michelstetten befindet sich Österreichs einzigartiges Schulmuseum – vom antiken Schulwesen, über die Maria-Theresianische Schulordnung bis zum Reichsvolksschulgesetz werden Schulsachen, Klassenbücher und Dokumente – über Jahrzehnte akribisch zusammengetragen – präsentiert.

☛ Industriearchäologen werden in Neubau-Kreuzstetten fündig: Ein altes Ziegelwerk samt Arbeiterhäusern sind hier erhalten.

☛ Die Maschinenparks werden immer größer, die Silos höher und die Ställe steriler – wer jedoch wissen möchte, wie Weinviertler und südmährische Bauern im vorigen Jahrhundert gewohnt und gearbeitet haben, sollte sich das Museumsdorf in Niedersulz unbedingt ansehen.

☛ Unter der Kapelle in Oberstockstall hat man ein vollständiges Alchemistenlabor samt allen Utensilien entdeckt. Sie sind im Rathaus von Kirchberg am Wagram zu sehen.

☛ Unersättliche können sich in Schloß Orth an der Donau gleich vier Museen ansehen: ein Fische-

Radfahrer im östlichen Weinviertel

reimuseum, das Donaumuseum, das Heimatmuseum und das einzigartige Österreichische Bienenzuchtmuseum.

☛ Im ehemaligen Bürgerspital von Poysdorf ist heute eine ausführliche Dokumentation der überreichen Urgeschichte der Umgebung untergebracht.

☛ Wer immer schon wissen wollte, wie die „nickenden Pferdeköpfe“ eigentlich funktionieren, kann sich in Prottes am Erdöl-Erdgas-Lehrpfad über Geschichte und Gegenwart der Förderung dieser Bodenschätze informieren.

☛ Das „Must“ des Weinviertels schlechthin ist die riesige historische Kelleranlage unter Retz.

☛ Die romanischen Reliefs an der Apsis der Maria-Geburt-Kirche in Schöngrabern waren – was die Zeit ihrer Entstehung betrifft – eine Zeitlang heiß umstritten. Tatsache ist, daß sie überaus sehenswert sind.

☛ Im Schloß Wolkersdorf hat sich der Kultur-Verein FLUSS etabliert: Jazz, Photographie, Theater und bildende Kunst werden in unterschiedlichen Veranstaltungen präsentiert, und zwar in gleichbleibend hoher Qualität. Besonders empfehlenswert: „Eisstoß“ und „Lese“, die beiden jährlich wiederkehrenden Ausstellungen.

☛ Eine der beeindruckendsten Barockkirchen des Weinviertels wurde nach Plänen von Jakob Prandtauer erbaut: Die Kirche von Wullersdorf thront weithin sichtbar auf einem Hügel über der Stadt.

Für Bewegungshungrige

☛ Wer gerne auf die Pirsch geht, kann das in Asparn an der Zaya tun, wo Schwarz- und Hochwild Photojäger sicher willkommener heißen als jene mit der Büchse …

☛ 491 Meter hoch ist der Buschberg – und mutet damit für das Weinviertel regelrecht hochalpin an. Noch dazu, wo sich auf dem Gipfel eine Alpenvereinshütte befindet.

☛ Dreißig Kilometer markierte Wanderwege führen rund um und hinauf auf die Burg Falkenstein.

☛ In Hardegg kann man sich eine „grenzüberschreitende“ Wanderkarte besorgen, die hilfreich ist, wenn man den Nationalpark (auf der tschechischen Seite) beziehungsweise sein österreichisches Pendant (das Nationalpark-

Projekt) an der Thaya durchwandern möchte.

☛ Hohenau an der March hat einen Badeteich zu bieten, den man zwecks Konditionstraining ein paarmal der Länge nach durchschwimmen kann.

☛ Wanderreiten im Weinviertel ist eine besonders schöne Möglichkeit, die Hügel und Weiten des Landes kennenzulernen. Im Kreuttal ebenso wie um Laa an der Thaya gibt es eine große Anzahl von Reitställen. Der Könner kann ein Pferd ausborgen, der Anfänger kann lernen, sein Glück auf dem Rücken der Pferde zu finden.

☛ In Laa an der Thaya gibt es Heilwasserquellen. Der „Wasserpfad“ führt auf einer Länge von 15,5 Kilometern entlang von 21 Informationstafeln Plätze vor, die in ganz unterschiedlicher Art mit Wasser zu tun haben.

☛ Die Kunsteisbahnen in Laa an der Thaya, Mistelbach und Matzen locken sowohl zum Eistanzen als auch zum anmutigen Dahingleiten. Nachfolgender Glühwein obligatorisch!

☛ Wer die Natur einem Kunsteislaufplatz vorzieht, muß nach Neudorf bei Staatz. Hier friert in

den eisigen Nordost-Winden im Winter der Teich zu, um sofort von passionierten Schlittschuhläufern frequentiert zu werden.

☛ Selbst Liebhaber des Langlaufs kommen im Weinviertel auf ihre Rechnung: Mistelbach lockt mit 24 Kilometern Loipen.

☛ Wer nicht so gut zu Fuß ist, kann den nur fünf Kilometer langen Waldlehrpfad bei Poysdorf entlangwandern.

☛ Wer ins Weinviertel fährt, muß die „Feenhaube“ sehen: Auf dem prähistorischen Wanderweg von Pulkau nach Eggenburg liegt ein vorgeschichtlicher Kultplatz mit sogenanntem „Herrgottssitz“ und Schalenstein. (Der Name wird von den Winzern des Manhartsberges jedoch auch als Trademark der gleichnamigen Vermarktungsgemeinschaft für Qualitätsweine verwendet.)

Windmühle bei Retz

☛ Das Retzer Land hat eine Reihe attraktiver Radwege zu bieten, darunter so mystisch klingende wie den Märchen-Sagen-Radweg. Außerdem hat man bei den Radwegen um Retz immer auch die Möglichkeit, den Ausflug bis Tschechien ins Znaimer Land auszudehnen.

☛ Fast schon „very british“: Golf im Weinviertel ist gleichbedeutend mit Schloß Schönborn, wo man in der herrlichen, weitläufigen Parkanlage sein Handicap verbessern kann.

☛ Eine Herausforderung selbst an jene mit guter körperlicher Kondition stellt der 240 Kilometer lange Weinviertel-Radweg.

Für Ruhesuchende

☛ Folgt man der Kellergasse von Gaiselberg bei Zistersdorf, so kommt man auf einen der größten und außergewöhnlichsten Hausberge des Weinviertels.

☛ Nur ein Kirchturm ragt über die Baumwipfel am Heiligen Berg bei Hautzendorf, das Dorf drumherum ist seit Jahrhunderten Vergangenheit.

☛ Eine der idyllischsten Kellergassen, die zum Durchwandern förmlich aufruft, findet man in Hautzendorf.

☛ Vogelkundler sollten Hohenau nicht versäumen: Auf den 55 Hektar der „vogel.schau.plätze“ wurden bislang zweihundert Vogelarten beobachtet.

☛ Wer Ruhe und Genuß zu verbinden versteht und nicht an Bürozeiten gebunden ist, sollte unter der Woche nachmittags von Kirchberg am Wagram nach Oberstockstall gehen (rund zwei Kilometer) und sich dann mit den kulinarischen Köstlichkeiten von Eva und Fritz Salomon verwöhnen.

☛ Unter schattenspendenden, uralten Bäumen kann man sich am Ortsrand von Königsbrunn ein altes Wehrkirchlein ansehen und an seine Mauer gelehnt über längst vergangene Zeiten nachsinnen.

☛ Im Kreuttal läßt es sich gut auf verborgenen Wegen von Mühle zu Mühle wandern.

☛ In der Region um Laa an der Thaya kann man ein Körper und Geist heilendes Wochenende am Gesundheitsbauernhof verbringen.

☛ Das Naturparkgebiet Leiser Berge erstreckt sich über die Region von Ernstbrunn weiter nach Niederleis, Oberleis und den Buschberg bis nach Michelstetten und Asparn. Erwandern läßt sich der Naturpark in aller Ruhe auf 43 Kilometern markierter Wege.

☛ In der Nähe von Loosdorf steht – eine wildromantische Ruine mitten im Wald – die Hanselburg.

☛ Selige Ruhe findet man im Nationalpark Donauauen – stundenlang kann man hier durch die uralten, energiewirtschaftlichem Baudrang gerade noch entrissenen Auwälder wandern.

☛ In und um Prinzendorf durchziehen Wege und kleine Straßen bergauf und bergab die Felder und Weinberge. Von oben öffnen sich immer wieder einzigartige Panoramablicke auf die Hügel.

☛ Etwas außerhalb von Retz steht die alte Windmühle – das

Wahrzeichen der Stadt – und nahe der Mühle auch eine barocke Kalvarienberggruppe.

Für Unternehmungslustige

☛ In den Untergrund kann sich begeben, wer endlich das Geheimnis der Erdställe lüften möchte: Althöflein (bei Großkrut) nennt die größte zusammenhängende Erdstallanlage unter der St. Georgskapelle sein Eigen.

☛ „Das Mittelalter lebt", behaupten die Veranstalter der Zeitreise ins Mittelalter in Eggenburg.

☛ Auf der Wiese beim Kanzlerturm von Eggenburg kann man sich in romantischer Umgebung Filme sonder Zahl ansehen.

☛ Im Schloß Ernstbrunn hat sich das Kammermusikfestival „Con Anima" etabliert, das unter anderem darauf setzt, die Künstler nicht „unter Verschluß" zu halten, sondern die Begegnungen der Musiker mit dem Publikum auf persönlicher Ebene zu forcieren.

☛ Archäologische Führungen auf der Burgruine Falkenstein eröffnen neue Sichtweisen auf die Weinviertler Geschichte.

☛ Ein Abenteuer ganz besonderer Art ist der Safaripark Gänserndorf. Ob im eigenen Auto oder im Safaribus – man muß nicht in ferne Länder reisen, um Giraffen, Elefanten, Löwen, Tiger und Affen in „freier Wildbahn" zu erleben.

☛ Wenigstens einen Hüatagang im Weinviertel sollte man erleben – in Jetztelsdorf gibt es diesen Brauch noch.

☛ Auf der Burg Kreuzenstein kann man sich atemberaubende Adlerflugschauen ansehen.

☛ In Laa an der Thaya gedeihen Zwiebel besonders gut. Was also liegt näher, als ein Zwiebelfestival – jährlich am letzten Augustwochenende – zu veranstalten.

☛ In Mistelbach findet jedes Jahr die „Sommer Szene" im Park statt: Musik, Theater, Kino und Kabarett begleiten das Kulinarium der ortsansässigen Gastronomie.

☛ Ausstellungen, ungefähr hundert Puppentheateraufführungen und noch vieles mehr wird in Mistelbach bei den internationalen Puppentheatertagen geboten.

☛ Während der Weinwoche in Poysdorf kann sich der (Hobby-) Önologe in aller Ruhe durch das reiche Angebot kosten.

☛ Am ersten Wochenende im September findet in Prinzendorf der weithin berühmte „Erdäpfelkirtag" statt.

☛ Und am ersten Adventsonntag kann man am Prinzendorfer Adventmarkt allerlei Bäuerliches für die Weihnachtszeit erstehen.

☛ Kobolde huschen durch die Stadt, gekegelt wird mit „Bluzan", in den Fenstern der Stadt stehen ausgehöhlte Kürbisse, in denen Kerzen leuchten – erraten: die Rede ist vom Retzer Kürbisfest.

☛ Wer Süßes nicht nur leidenschaftlich gerne ißt, sondern auch zusehen möchte, wie die Köstlichkeiten entstehen, kann dies in der Hochzeitsbackstube von Anna Höss in Schrattenberg tun.

☛ Wer in Staatz noch nicht gesehen hat, wie Winnetou die Indianer rettet und wie ihm Old Shatterhand dabei tatkräftig unter die Arme greift, kennt den Wilden Westen nicht.

3

Weinviertel von A bis Z

- Alle Orte alphabetisch gegliedert mit vielen Extra-Tips

3

Von Bürgermeistern und Burgen, von Kellergassen und vom Wein – das Weinviertel von Alberndorf über Gänserndorf bis Zistersdorf

Alberndorf an der Pulkau

Was man auf den ersten Blick gar nicht vermuten würde: Der hübsche Weinort im Bezirk Hollabrunn zeichnet sich – unter anderem – durch eine landwirtschaftliche Besonderheit aus. Es gibt hier das sogenannte agrarische Frühwarnsystem „Agroexpert", das den Bauern im gesamten Pulkautal bis nach Retz mitteilt, wann genau was und wieviel gegen allfällige Schädlinge gespritzt werden muß. Prophylaktischer Einsatz von Insektiziden ist damit obsolet, denn dank der – computergesteuerten – Errechnung von möglichem Krankheitsbefall konnte das Verwenden von Spritzmitteln um rund die Hälfte vermindert werden.

Doch abseits von dieser Gegenwart gibt es auch Uraltes zu berichten: An den Hängen des Buchbergs 🐾, der ganz in der Nähe des Orts liegt, fanden Archäologen sowohl Werkzeuge als auch jede Menge Knochenreste urgeschichtlicher Tiere; woraus die Forscher den Schluß zogen, daß es sich hier um einen Sammelplatz altsteinzeitlicher Mammutjäger handeln mußte. (Die Funde vom Buchberg sind im übrigen im Eggenburger Krahuletz-Museum zu besichtigen.) Sehenswert ist Alberndorf vor allem auch wegen seiner ausgedehnten 📷 Kellertrift: Der alte, gepflasterte Hintausweg präsentiert sich bis heute in unveränderter Schönheit.

Einkaufen

Am zweiten Sonntag im September gibt es einen großen Bauernmarkt, auf dem man allerlei Köstliches erstehen kann.

Information

Gemeindeamt Alberndorf an der Pulkau; Tel. 02944/23 33

- Schöne Aussicht
- Achtung Kunst!/Pflichtbesuch
- Alter Kultplatz
- Event, Veranstaltung
- Ideal für Kinder
- Konditionsfördernd

Althöflein

Der – wahrscheinlich – längste Erdstall Österreichs verbirgt sich unter diesem kleinen Straßendorf im Bezirk Mistelbach. Überragt wird es von einem mittelalterlichen Hausberg, der von einer aus einem ehemaligen Wehrturm entstandenen, frühgotischen Georgskapelle bekrönt wird. Das um den Berg angelegte Kellerviertel folgt dem Verlauf ursprünglicher Wälle, die einst zur Verteidigung gegen die Ungarn angelegt wurden.

Information

Führungen durch die Erdställe bietet Herr Martin Bauer; Tel. 02556/53 83

Altlichtenwarth

Nach den beengenden Erdställen tun Weite und Überblick gut: Altlichtenwarth, ebenfalls im Bezirk Mistelbach, liegt am Südabhang des Hutsaulbergs, auf dem eine Begräbnisstätte, ein Kriegerdenkmal – sie erinnern an die letzten Kriegswochen im Jahr 1945 – und eine Aussichtswarte zu finden sind. Von letzterer hat man einen herrlichen Blick über das weite Land bis hinein nach Tschechien und in die Slowakei.

Ein Stück südwestlich des Ortes, auf dem Leberberg, fanden Archäologen eine jungsteinzeitliche Begräbnisstätte mit Urnen aus der Zeit von 4000 bis 3200 v. Chr. Heinrich von Liechtenstein stiftete 1240/45 die Pfarrkirche St. Nikolaus. Bemerkens- und absolut sehenswert sind die erhaltenen Fresken in der Kapelle.

Zum fröhlichen Genuß des Weinviertler Lebenselixiers führt die Kellergasse, die sich am Silberberg befindet.

Tip für Wissbegierige

Im Dorfmuseum gibt es eine Sammlung bäuerlicher Einrich-

Schloß Asparn an der Zaya

tungsgegenstände und Geräte; Voranmeldung:
Tel. 02533/801 806 oder 02533/801 852

Tip für Geniesser

Im renovierten „Pfoarrkeller" sind eine Vinothek und ein Heuriger eingerichtet; geöffnet ist der „Pfoarrkeller" Samstag ab 16 Uhr sowie an Sonn- und Feiertagen von 10 bis 12 und ab 15 Uhr. Man kann aber auch außerhalb dieser Zeiten einkaufen: Information unter Tel. 02533/801 738

Ausflugstip

Hausbrunn, ein kleiner Markt östlich von Altlichtenwarth, kann man von hier aus gemütlich mit dem Fahrrad oder auch zu Fuß erreichen. Sehenswert ist es wegen seiner barocken Veitskirche, die den Ort überragt. Ihr Hochaltarbild schuf Leopold Kupelwieser. Nördlich der Kirche erstreckt sich ein ausgedehntes Kellerviertel.

Auersthal

Das Herz der österreichischen Gasversorgung schlägt in diesem Ort – er ist die Erdgaszentrale des Landes.

Aber natürlich gibt es in Auersthal, das zum Bezirk Gänserndorf gehört und südlich des Hochleithen- und des Matzener Waldes liegt, auch Wein. Und im Kellerviertel auf dem Wunderberg werden regelmäßig Weinfeste veranstaltet.

Einkaufen

In der Vinothek in Auersthal kann man jene Weine erstehen, deren Trauben auf den örtlichen Rieden gedeihen. Informationen gibt es bei Josef Döllinger in der Neubaugasse 22; Tel. 02288/25 94

Asparn an der Zaya

Er wurde geboren, als Maria Theresia bereits achtzehn Jahre lang die Geschicke des Landes lenkte: 1758 kam hier Joseph Hardmuth auf die Welt, der eigentlich Architekt wurde, in die Geschichte aber als Erfinder des Graphitstifts, unseres Bleistifts also, einging.
Doch bekannt wurde Asparn in erster Linie durch das einzigartige Museum für Urgeschichte ♛, das aus zwei Teilen besteht: aus dem Museum im Schloß (das im 15. Jahrhundert erbaut wurde) und aus dem weithin berühmten

Freilichtmuseum im Park desselben. „Alibikinder“ sind gar nicht nötig, um auch als Erwachsener Vergnügen an einem Rundgang durch das Freigelände, vorbei an den Rekonstruktionen von prähistorischen Wohnhäusern – samt Interieur –, den Zelten von Mammutjägern, an Backhütte und Eisenschmiede, zu finden. Und wenn Sie mit Kindern unterwegs sind: Einen vergnüglicheren, abwechslungsreicheren Zugang zur Urgeschichte werden Sie kaum finden! Denn in all die Bauten kann man nicht nur hineingehen, Kindergruppen dürfen – nach Anmeldung – nach prähistorischem Vorbild töpfern, spinnen und weben; und unter der Woche wird – während der Schulzeit – Brot gebacken.

Landschaftlich betrachtet liegt Asparn reizvoll an den Ausläufern der Leiser Berge, zwischen Großkugelberg, Kobelberg und Steinbruchberg, und war bereits in der Jungsteinzeit besiedelt. Die Ortschaft entwickelte sich dank Tuchweberei, Brauerei, Gerberei und Seifensiederei relativ früh zu einem gewerblichen und industriellen Zentrum. Bereits 1368 gab es hier eine Schule.

Sehenswert ist auch das Minoritenkloster, das zwar im 17. Jahrhundert gegründet wurde, dessen heutiges Aussehen aber aus dem 18. Jahrhundert stammt: Nach einem Brand im Jahr 1745 wurde es neu erbaut. Im Kloster untergebracht ist das volkskundliche Weinlandmuseum mit seiner überaus (aufschluß-)reichen Sammlung: Rund 2500 Exponate geben anschauliche Auskunft über Geschichte, sakrale Kunst und Volkskultur des Weinviertels.

Das Museum für Urgeschichte in Asparn an der Zaya

Neben dem Schloß findet man die Kirche St. Pankraz, einen gotischen Saalbau, in die man im Barock einen Hochaltar und ein Altargitter gebaut hat; und die kunstvolle barocke Nepomukstatue vor der Kirche ist allemal sehenswert.

Tip für Eilige

Wenigstens einen Kurzbesuch sollte man dem Museum für Urgeschichte abstatten!

Tips für Wissbegierige

„Stättl" heißt das Gebäudeensemble aus Schloß, Kirche, Herrschaftshof, Kloster samt Wirtschaftsgebäuden sowie Wehrgang und Burggraben – und hier sind auch beide Museen zu Hause, das Urgeschichts- und das Weinlandmuseum.

Museum für Urgeschichte: geöffnet vom 1. April bis 15. November; täglich 9 bis 17 Uhr; Tel. 02577/82 39

Weinlandmuseum: geöffnet vom 1. April bis 31. Oktober; Sonn- und Feiertag 9 bis 17 Uhr, Samstag 13 bis 17 Uhr; Gruppen können nach Voranmeldung das Museum auch außerhalb der Öffnungszeiten besuchen, Führungen gibt es nach Voranmeldung; Tel. 02577/82 40

Der Staatsfeiertag (26. Oktober) ist übrigens in allen Museen der „Tag der offenen Tür".

Tips für Bewegungshungrige

Von Asparn aus kann man wunderbare Ausflüge in den Naturpark Leiser Berge machen. Ein beschilderter historischer Wanderweg führt zu allen Sehenswürdigkeiten. Man kann auch den Aufstieg auf die höchste Erhebung des Weinviertels wagen: den Buschberg mit 491 Metern Seehöhe. Er ist durch die markante Radarstation des Flugleitdienstes weit übers Land sichtbar. Einen weiteren Aufstieg wert ist der nach seiner brotkorbartigen Form so genannte „Simperlberg", ein Vorgipfel des Buschbergs, der sich jedoch als künstlich angelegter mittelalterlicher Hausberg entpuppt.

Das Gebiet der Leiser Berge ist im

übrigen auch Jagdrevier; Schwarz- und Hochwild erwarten die Waidmänner. Information:
Tel. 02576/23 10 oder 25 44

Information
Gemeindeamt Asparn an der Zaya; Tel. 02577/82 40

Bad Pirawarth

Die heilkräftigen Quellen in diesem Ort fanden bereits 1306 in einem Urbar Erwähnung – und die inzwischen leider beendete Geschichte eines erfolgreichen, gutbesuchten Kurortes nahm ihren Anfang. Denn schon der Babenberger Leopold IV. soll in Bad Pirawarth, das unmittelbar am Erdbebenriß durch das Weinviertel liegt, und dessen Eisen-Schwefel-Quellen Heilung gesucht haben. Im 19. Jahrhundert – am Höhepunkt seiner Beliebtheit – hatte der Kurort Gäste wie etwa Erzherzogin Sophie, Kaiser Franz Josephs zielbewußte Mutter. Aus dieser Epoche stammen übrigens einige Biedermeierhäuser, darunter das Rathaus. Aber nicht nur das Erzhaus heilte hier seine Wehwehchen, Badegäste kamen aus der ganzen Welt, und die Heilerfolge sollen beachtlich gewesen sein. Heute erinnert noch die Jugendstilfassade des einstigen Kurmittelgebäudes in der Ortsmitte an das mittlerweile aufgelassene Bad. Heute wird die große „heilsame" Vergangenheit durch das Kur- und Rehabilitationszentrum „klinik pirawarth" für Neurologie fortgesetzt.

Tip für Wissbegierige
In Bad Pirawarth wurde Hans Knesl geboren; ursprünglich gelernter Steinmetz, studierte er später an der Akademie für bildende Künste in Wien, wo er zu guter Letzt sogar eine Klasse für Bildhauerei leitete. Im ehemaligen Kurpark findet sich ein Prof.-Knesl-Freilichtmuseum.

Sophienquelle in Bad Pirawarth mit einer Büste der Erzherzogin Sophie

INFORMATION
Gemeindeamt Bad Pirawarth
Tel. 02574/23 40

Bernhardsthal

Im äußersten Nordosteck des Weinviertels liegt in reizvoller Landschaft Bernhardsthal: Die weitläufigen Thayaauen laden zum Spazierengehen, zum Bootfahren und zum Fischen ein. Und in den anschließenden Föhren- und Eichenwäldern kann man schattige Picknickplätze finden.
Drei hallstattzeitliche Hügelgräber an der Straße nach Rabensburg sowie eine freigelegte Germanensiedlung locken Hobbyarchäologen. 1931 stieß man in den Weinbergen der Ried Kohlfahrt auf ein Bleikreuz mit byzantinischen Stilmerkmalen, das aus der Zeit der Slawenapostel Cyril und Method in der zweiten Hälfte des 9. Jahrhunderts stammt. Die Ägydiuskirche ist in ihrem Kern romanisch.

TIP FÜR WISSBEGIERIGE
Im ehemaligen Gemeindeamt ist ein kleines Heimatmuseum untergebracht. Geöffnet ist es jeden ersten und dritten Sonntag im Monat jeweils von 10 bis 12 und von 14 bis 16 Uhr.

INFORMATION
Gemeindeamt Bernhardsthal
Tel. 02557/88 00

Bisamberg

Einerseits sind es zwei, andererseits hängen sie – geographisch vor allem – natürlich eng zusammen: Bisamberg, der Berg, und Bisamberg, der Ort.
Ersterer, auch als des „Weinlandls Torhüter" bezeichnet, ist die südlichste Erhebung der sogenannten Waschbergzone. 358 Meter hoch bietet er sich als naheliegendstes Ausflugsziel – natürlich, von Wien aus gesehen – an. Die Flachlandversion eines Gipfelsturms kann bequem von Strebersdorf und damit von der Straßenbahn aus angegangen werden. Belohnt wird die Anstrengung durch einen – zumindest bei halbwegs schönem Wetter – sensationellen Panoramablick über Wien. Und man muß auch nicht wieder hinunter, ohne sich gelabt zu haben: Restaurant und Café Magdalenenhof bieten allerlei Stärkendes für erschöpfte Bisamberg-Bezwin-

ger. Und geht man den Rückweg doch gleich an, so kann man am Weg in Richtung Hagenbrunner Straße beim Eichendorff-Denkmal gerade weitergehen und zum Gasthaus Gamshöhe gelangen. Doch gleichviel, welchen Weg man wählt: Rund um den Bisamberg gibt es Heurige sonder Zahl. Der zum Bezirk Korneuburg zählende gleichnamige Weinort am Fuße des Bisambergs hat sich bis heute den Charme eines Weinhauerdorfes erhalten. Und der Wein ist es auch, der dessen Prosperität ausmacht. Denn schon im 18. Jahrhundert wurde seine Qualität dadurch geadelt, daß er am Kaiserhof getrunken wurde, und Fürst Metternich kredenzte ihn seinen Verhandlungspartnern während des Wiener Kongresses. Doch Bisamberg hat auch kunsthistorische Schätze zu bieten: Der Türkenkreuzweg – er wurde von einer Adeligen zum Dank für den unversehrt überstandenen Türkenkrieg im späten 17. Jahrhundert gestiftet – besteht interessanterweise aus elf Stationen, die durch barocke Figuren dargestellt werden. Die Weintorkapelle am südlichen Ortsausgang wurde 1782 errichtet. Sehr schön ist auch Schloß Bisamberg. Der beeindruckende Bau stammt aus dem 16. Jahrhundert. Heute ist es in Privatbesitz, und sein Schüttkasten wird von der Gemeinde als Veranstaltungszentrum genützt – unter anderem für die Bisamberger Weinkost.

Tip für Bewegungshungrige

Rauf auf den Berg und wieder runter – ohne Pause.

Tip für Geniesser

Der Tip für alle, die es sich leisten können: Ein Ausflug auf den und nach Bisamberg unter der Woche: Man trifft nur noch ein paar andere „antizyklisch“ – nämlich nicht am Wochenende – Spazierende, und die Heurigen hat man in der wärmenden Nachmittagssonne fast für sich allein.

Essen und Trinken

Am Bisamberg findet der müde Wanderer erquickliche Labung im Restaurant Magdalenenhof, Tel. 01/292 34 86, im Café Magdalenenhof, Tel. 01/292 41 09, sowie in Franz Hadrigans Gasthof Gamshöhe, Tel. 02262/63 420-0. In Bisamberg selbst hilft die „Ausg'steckt“-Tafel weiter.

Tip für Wissbegierige

In Langenzersdorf auf der anderen Seite des Bisambergs wurde dem wichtigsten österreichischen Bildhauer der Jahrhundertwende, Anton Hanak (1875–1934), in der Oberen Kirchengasse ein Museum ♛ gewidmet. Ein zweites Museum zeigt Arbeiten des Hanak-Schülers Siegfried Charoux und ein drittes Werke des Wotruba-Schülers Alois Heidel. Geöffnet haben die drei Museen zwischen Mitte April und Mitte November jeweils Dienstag von 9 bis 12, Samstag, Sonn- und Feiertag von 9 bis 12 und von 13 bis 18 Uhr;
Tel. 02244/37 18 oder 29 473

Information

Gemeindeamt Bisamberg
Tel. 02262/62 000-11

Bockfließ

Die Marktgemeinde am Nordwestrand des Marchfelds liegt an den Ausläufern des Hochleithenwaldes und hat allerlei Sehenswertes zu bieten.

Über drei Jahrhunderte lang – zwischen 1417 und 1783 – diente „das Narrenhäuslein von Bockfließ", der Pranger an der Hauptstraße mit seinen zwei unterirdischen Kerkerzellen, dazu, Missetäter, oder zumindest solche, die man dafür hielt, zur Raison zu bringen. Das Bockfließer Schloß ist mehr oder weniger in seinem Originalzustand (15. Jahrhundert) erhalten – nur von der alten Wasserburg sieht man nichts mehr, sie wurde im 18. Jahrhundert in ein Kastell verwandelt.

Einem der unzähligen habsburgischen Willkürakte begegnet man in der sogenannten „Altstadt": Von 1636 bis 1670 gab es hier ein aus einem Geviert von sechzehn Häusern bestehendes jüdisches Ghetto. Kaiser Leopold I., der unter der Kuratel des Klerus und seiner ersten Frau stand, erließ am 28. Februar 1670 den Befehl, daß alle Juden bis zu Fronleichnam Wien und Niederösterreich zu verlassen hätten. Das war auch das Ende der 21 jüdischen Familien von Bockfließ.

Sport- und Freizeittip

Die schöne Kellergasse von Bockfließ ist jedenfalls einen Spaziergang wert. Von hier aus gelangt man in den Hochleithenwald, in dem man die Bildereiche findet,

einen Baumstrunk mit einem Dach aus Schindeln und vielen Heiligenbildern.

Einkaufen

Wein bekommt man unter anderem im Schloßweingut Bockfließ, das von der Privatkellerei Morandell bewirtschaftet wird. Information: Tel. 02288/21 67

Information

Gemeindeamt Bockfließ
Tel. 02288/22 66-0

Drasenhofen

Das Dorf nordöstlich von Falkenstein an der Grenze zu Tschechien (hier war schon in der Zeit des Eisernen Vorhangs ein offizieller Grenzübergang) zählt zu den ältesten Siedlungen des Weinviertels: Es war im Neolithikum, während der Bronze- und zur Römerzeit durchgehend besiedelt. Ein hier gefundenes Awarengrab datiert aus dem 9. Jahrhundert. Im Süden des Orts liegt das 1602 erbaute Schloß Fünfkirchen.

Information

Gemeindeamt Drasenhofen
Tel. 02554/200

Dürnkrut und Jedenspeigen

Am 26. August 1278 fand hier, auf dem flachen Land zwischen den Orten, König Przemysl Ottokar sein Ende, als er die Schlacht gegen Rudolf von Habsburg verlor. Ein Denkmal auf dem Schlachtfeld erinnert daran.
Wirtschaftliche Prosperität erlangte Dürnkrut durch seine Lage an der 1839 erweiterten Kaiser-Ferdinands-Nordbahn und die 1844 errichtete Zuckerfabrik, die bis

Gedenkstein an die Schlacht bei Dürnkrut und Jedenspeigen

1977 in Betrieb war. Sehenswert sind das vierflügelige Wasserschloß aus der Renaissance, vor allem aber die Jakobskirche, in der das Barock alle Register zieht: der Hochaltar ist mit goldenen Engeln geschmückt, die Seitenaltäre haben gedrehte Säulen und Putti sonder Zahl.

Im Gegensatz zu Dürnkrut wird Jedenspeigen nicht von der Industrie, sondern von der Landwirtschaft dominiert. Interessant ist hier die Pfarrkirche, deren romanischem Kern im vorigen Jahrhundert durch den Architekten des Wiener Rathauses, Friedrich Schmidt, ein neugotisches Kleid umgelegt wurde. Im Schloß Jedenspeigen – aus dem 16. Jahrhundert – kann man sich während der Öffnungszeiten (Mai bis Mitte Oktober an Samstagen, Sonn- und Feiertagen von 10 bis 17 Uhr, Tel. 02536/82 24) eine Dokumentation der historischen Schlacht zu Gemüte führen.

INFORMATION

Gemeindeamt Jedenspeigen
Tel. 02536/82 24

Eggenburg

Hart an der Grenze zum Waldviertel liegt Eggenburg, einst – vor mehr als zwanzig Millionen Jahren – umtost von Meeresbrandung und belebt von einer subtropischen Meeresfauna. Dieses sogenannte Tertiärmeer hinterließ allerlei erdgeschichtlich Bedeutsames, wodurch Eggenburg zu einer Art geohistorischen Metropole wurde.

Zu verdanken ist dies in erster Linie dem Büchsenmacher und Eichmeister mit paläontologischem Talent Johann Krahuletz (1848–1928), von dem eine Reihe famoser Exponate im nach ihm benannten Krahuletz-Museum ♛ stammt. Von Kindesbeinen an suchte er – übrigens gemeinsam mit seinem paläontologisch ebenfalls höchst interessierten Vater Georg (1809–1899) – nach Fossilien, ab 1877 legte er eine systematische Sammlung seiner Funde

an, im Jahr 1885 entdeckte er im Schindergraben einen Krokodilschädel – *Gavialosuchus eggenburgensis*; rund hundert Jahre später fand man im Nachbarort Kühnring die Reste einer Seekuh – *Metaxytherium krahuletzi.*
Seit damals sind – fast so wie im südenglischen Lyme Regis – Heerscharen von Laien gebückt grabend zu beobachten. Aber auch Wissenschaftler aus aller Welt kommen nach Eggenburg, um systematisch zu arbeiten. Und seit 1986 wurden tatsächlich bereits mehrere Skelette von Seekühen gefunden.
Aber zurück zu Johann Krahuletz: Ganz im Gegensatz zu anderen verdienten Österreichern war es dem autodidakten Paläontologen vergönnt, Ehre und Erfolg zu erleben: Im Oktober 1902 wurde von der 1900 gegründeten Krahuletz-Gesellschaft ein Museum für seine Sammlung erbaut, das nicht nur repräsentativ ist, sondern international geachtet wird.
Jenseits der Paläontologie hat Eggenburg – das schon von eiszeitlichen Jägern besiedelt war – noch immer jede Menge Historisches zu bieten. Die als Burgstadt gegründete Kommune „Eginburch“ erhielt bereits 1277 das Stadtrecht, und zwar vom Habsburger Rudolf I. In der entsprechenden Urkunde heißt es übrigens, daß die Stadt samt den in ihr wohnhaften Bürgern mit all jenen Freiheiten und Rechten ausgestattet sei, wie das bei Wien der Fall ist.
Anders als etwa Retz überstand Eggenburg die Hussitenkriege weitgehend unbeschadet, ebenso die Besetzung der Gegend durch Mátyás Hunyadi, besser bekannt als Matthias Corvinus, und die Wirren und Zerstörungen im Laufe des Dreißigjährigen Kriegs. 1645 war jedoch ein schwarzes Jahr für die Eggenburger Annalen: Die Schweden eroberten die Stadt und ließen an die 150 mehr oder weniger zerstörte Häuser zurück.
Dem weißen Zogelsdorfer Sandstein, den die Eggenburger Steinmetze ab der Barockzeit fleißig bearbeiteten, verdankt Wien zum Beispiel die Herkulesmonumente bei der Hofburg; vor allem aber erblühte die Zunft in der Stadt an der Schmida. Das handwerkliche Geschick ist bis heute an zahllosen barocken Kunstwerken zu bewundern.

Ein wunderschönes Ensemble bildet der Hauptplatz mit seiner mittelalterlichen Bausubstanz. Das sogenannte *Gemalte Haus* am Hauptplatz wurde 1547 erbaut und sticht durch seine opulente Sgraffitofassade ins Auge. In der Mitte des Platzes findet sich das *Grätzel,* eine Häusergruppe, die man ob der rar gewordenen Baugründe innerhalb der Stadtmauern einfach mitten in die Stadt stellte. Das Gamerithhaus ist eines der ältesten des *Grätzels* und stammt – zumindest im Kern – aus dem Jahr 1570; das Haus Nr. 2 ist unverfälschte Renaissance. Den Platz zieren außerdem drei barocke Säulen: die Pranger- oder Rolandsäule, die Mariensäule und die Dreifaltigkeitssäule. Und damit nicht genug, verfügt Eggenburg auch noch über eine alte Theatertradition: Fastnachtsspiele sind hier bereits für das Jahr 1555 belegt. Rund um die Altstadt sind die mittelalterlichen Befestigungsanlagen ♛ weitgehend intakt geblieben.

Und zuletzt gibt es noch ein sehenswertes Museum für die Geschichte der Technik: das Erste Österreichische Motorrad- und Technikmuseum.

Tips für Bewegungshungrige

Für wissensdurstige Bewegungshungrige gibt es rund um Eggenburg jede Menge einladender Ausflugsmöglichkeiten, sowohl einfacherer, bequemerer als auch anstrengenderer Natur.

Da ist zum Beispiel östlich von Eggenburg der „Waldlehrpfad“, der auf den Vitusberg mit den barocken Kreuzwegstationen führt.

Oder der „Erdgeschichte selbst erleben-Wanderweg“, eine mehrstündige Runde zu den wichtigsten Fossilienfundstätten sowie zu aufgelassenen Kalksandsteinbrüchen.

Am ausführlichsten ist jedoch der „Urgeschichtswanderweg“ von Eggenburg über Pulkau und Retz bis nach Znaim, der mindestens vier, fünf Tage in Anspruch nimmt.

Hauptplatz von Eggenburg

Tip für Geniesser

In Stoitzendorf ganz in der Nähe von Eggenburg schlägt das Weinherz der Stadt: Hier findet sich der Hintausweg, in dessen Keller Feenhaube (ein fruchtiger, trokkener, leichter Wein) und Urkristall (sortentypische Kabinettweine wie Chardonnay oder Grüner Veltliner) lagern.

Tip für Unternehmungslustige

Im „Weinviertler Weinherbst" – im Oktober – werden in und um Eggenburg allerlei Aktivitäten rund um Wein und Fossilien oder – chacun à son goût – Motorräder angeboten.

Tips für Wissbegierige

Sie alle – und hier in erster Linie Historiker und Paläontologen – sind in dieser Stadt (die übrigens in ihrer Gesamtanlage zu den besterhaltenen mittelalterlichen Städten Österreichs zählt) grundsätzlich gut aufgehoben. Wissenswertes darüber hinaus bieten natürlich die beiden Museen.

Krahuletz-Museum: vom 1. April bis zum 31. Dezember täglich geöffnet von 9 bis 17 Uhr; Gruppenführungen gibt es nach Voranmeldung; Tel. 02984/34 00

Erstes Österreichisches Motorrad- und Technikmuseum – Sammlung Ehn mit mehr als dreihundert feinen Exponaten für die Liebhaber von Puch, BMW & Co., geöffnet von Montag bis Freitag, 8 bis 16 Uhr, sowie Samstag, Sonn- und Feiertag, 10 bis 17 Uhr; Tel. 02984/21 51

Im Schloß Stoitzendorf ist eine *Sammlung alter Tasteninstrumente (Klaviermuseum)* untergebracht, die man sich nach Voranmeldung ansehen kann;
Tel. 02984/27 33

Information

Tourismusinformation
Eggenburg; Tel. 02984/34 00
Eine Informationsbroschüre kann man sich via E-Mail unter
info.eggenburg@wvnet.at
bestellen.

Ernstbrunn

Mitten in den Leiser Bergen – und hier sogar noch im Bereich des Naturparks – gelegen, lädt dieser Ort zu wunderschönen Spaziergängen ein, auf welchen sich einiges entdecken läßt. Aber keine Sorge: ein paar gute Gasthäuser versorgen erschöpfte Wanderer.

Die Marktgemeinde liegt im Ernstbrunner Wald an den Abhängen des Steinbergs und zählt zum Bezirk Korneuburg. Gräberfunde aus der frühen Bronzesowie der Römerzeit lassen auf eine urzeitliche Besiedlung schließen. Dominiert wird der Ort vom nordwestlich des Marktes auf dem Semmelberg liegenden Schloß, das auf jenen legendären Mönch Ernest zurückgeht, der in der Nähe eines Brunnens eine Feste baute, auf welcher später ein berüchtigter Kuenringer namens Rapoto hauste. Schloß Ernstbrunn verfügt über einen mittelalterlichen Kern, vier Höfe und zahlreiche Zubauten aus Renaissance, Barock und Klassizismus. Eine Sensation war es, als man im Zuge von Erdarbeiten 1984/85 etwa hundert lebensgroße barocke Sandsteinfiguren fand.

Vom Schloß – das man leider nicht besichtigen kann – ist es nicht weit zum Wildpark im Nachbardorf Dörfles: Hier hat man eine Handvoll stillgelegter Steinbrüche mit einem Zaun umgeben und das Gelände mit Wildschweinen, Steinböcken, Ziegen, Hasen usw. bevölkert. Dieser Ausflug ist besonders für Kinder ein Erlebnis, zumal die Tiere mit Futter, das man an der Kasse kaufen kann, gefüttert werden dürfen.

Hübsch ist aber auch ein Spaziergang durch den Ort selbst, der seit 1533 das Marktrecht besitzt. Aus der ursprünglich kleinen gotischen Kapelle am Hauptplatz wurde durch einen Anbau im 18. Jahrhundert eine veritable Barockkirche mit zwei sehr schönen Altären.

Tip für Wissbegierige

Glaswein kann man leider auch nicht besuchen, aber man muß einfach davon erzählen: Das spätbarocke Jagdschloß mit dem lustvollen Namen liegt inmitten des zum Ernstbrunner Wald gehörenden Glasweiner Waldes und wurde 1760 von Graf Sinzendorf errichtet. Um die Gründung des

Schlosses rankt sich eine hübsche Anekdote: Als Maria Theresia in diesem Gebiet zur Jagd weilte, so geht die Mär, verspürte sie plötzlich Durst. Es stellte sich jedoch heraus, daß das Sinzendorfsche Gesinde Getränke vergessen hatte, und so konnte man der Monarchin nicht einmal ein Glas Wein reichen. Damit ein solcher Fauxpas nie wieder passieren möge, ließ Sinzendorf mitten im Wald Schloß Glaswein errichten. Auf Fresken von Johann Franz Greipel ist auch jene Szene illustriert, in der die Kaiserin im Wald rastet – und diesmal allerdings nicht Durst leiden muß, sondern das bewußte „Glas Wein“ erhält.

Einkaufen

In Simonsfeld, nur ein paar Kilometer von Ernstbrunn entfernt, gibt es einen Bauernmarkt mit angeschlossenem revitalisiertem Bauernhof mit Tieren zum Streicheln. Zu kaufen gibt es hier allerlei ländliche Produkte von Eiern über Schmalz bis Wein. Geöffnet ist der Markt von Mitte März bis Oktober, Samstag 9 bis 12 und 14 bis 18 Uhr; winters am Samstag von 9 bis 15 Uhr. Vom 18. Dezember bis 12. Februar ist geschlossen, dafür kann man nach Voranmeldung auch wochentags vorbeikommen. Information:
Tel. 02576/29 65 oder 29 36

Information

Gemeindeamt Ernstbrunn
Tel. 02576/23 01-0

Falkenstein

Es soll ein ungewöhnlich warmer Winter gewesen sein, in dem die Nordost-Winde, die einem sonst durch Mark und Bein gehen, ausgeblieben sind. Und schon im

Jänner soll der Frühling in voller Pracht eingesetzt haben, so daß bereits im April mit der Weinlese begonnen werden konnte ... Ob dieser Wetterbericht von Anno Domini 1289 für bare Münze genommen werden kann, ist fragwürdig – aber es ist eine schöne Geschichte, die – ausreichend mit Wein versorgt – winters das fröstelnde Innere erwärmt.

Historisch verbürgt sind dagegen die ersten Nachrichten über den Falkensteiner Wein im sogenannten „Bergtaidingbuechl" aus dem Jahr 1309 – obwohl es den Weinbau hier mit Sicherheit schon viel früher gegeben hat. Und überhaupt: Als Sitz des Bergamts, das heißt des Weinberggerichts, das für sämtliche Fragen und Streitigkeiten in Sachen Wein zwischen Wien und Brünn zuständig war, spielte Falkenstein längst eine Hauptrolle. Aber beginnen wir am Anfang.

Um 4500 v. Chr. entstand auf dem sogenannten Schanzboden eine befestigte Siedlung, die immerhin einen Durchmesser von vierhundert Metern hatte. Sie wurde zwar nach nicht allzu langer Zeit wieder aufgegeben, aber die Reste einer um 4000 v. Chr.

an derselben Stelle erbauten Wallanlage sind bis heute gut erkennbar. Die Anfänge der eigentlichen Burg Falkenstein, die weithin sichtbar auf einer Kalkklippe thront, liegen – wie das halt bei Burgen immer wieder der Fall ist – im dunkeln. Archäologen schließlich haben den Beweis erbracht: Die romanische Burg stammt aus dem 11. Jahrhundert, durch Wehranlagen erweitert wurde sie im 14. Jahrhundert, und das Schloß erbaute man in der Renaissance. Brandschatzend machten im Jahr 1645 die Schweden der Burg fast den Garaus, erhalten blieben Reste der Kapelle sowie der Turm.

Früher bezeichnete die in einer Talsenke südlich der Falkensteiner Berge gelegene Marktgemeinde im Bezirk Mistelbach auch das größte niederösterreichische Wein-

Burgruine Falkenstein

baugebiet, das mittlerweile in das „Weinbaugebiet Weinviertel“ integriert wurde.

Der sogenannte „Falkensteiner Codex“, der heute in München aufbewahrt wird, enthält die älteste bildliche Weindarstellung des Weinviertels.

Im Weinhauerort Falkenstein selbst ist die Pfarrkirche St. Jakobus sehenswert: Ihre Stilelemente aus Romanik, Gotik und Frühbarock scheinen irgendwie nicht so harmonisch ineinander aufzugehen, wie das bei anderen Kirchen immer wieder der Fall ist, und so wirken Fassade und Turm merkwürdig unproportioniert. Im Inneren der Kirche jedoch ist eine schöne gotische Madonna der böhmischen Schule zu sehen. Der Pfarrhof ist schon allein deshalb bemerkenswert, weil er wie die Burg zu Verteidigungszwecken angelegt wurde. Zu den ältesten erhaltenen Bauwerken des Weinviertels zählt der am östlichen Ortsausgang gelegene, im 14. Jahrhundert errichtete Spitalbau; und das Rathaus, das nach zwei verheerenden Bränden im 17. Jahrhundert wieder aufgebaut wurde, zeichnet sich durch besonders schöne Barockgiebel aus.

Das unter Kennern als sehr romantisch geltende Falkensteiner Kellerviertel, in dem sich der Ausgangspunkt eines zwei bis drei Kilometer langen Weinlehrpfades befindet, liegt am Fuß des ehemaligen Galgenbergs, auf dem eine letzte Hinrichtung 1773 stattfand. Enthauptet wurde damals ein gewisser Johann Grätschel, nachdem er durch Brandstiftung 83 Häuser und acht Stadel in Schutt und Asche gelegt hatte. Dieser Galgenberg ist aber noch in anderer Hinsicht interessant: Mit 425 Metern ist er die höchste Erhebung der Falkensteiner Berge – sogenannte Inselberge mit überaus markanten Klippen aus Jurakalken –, die mit den Leiser Bergen und den Pollauer Bergen in der Tschechischen Republik die geologische Verbindung zwischen den Ostalpen und den Karpaten darstellen.

Tips für Wissbegierige

Burgführungen – dabei sind die urgeschichtlichen Funde aus dem Neolithikum, der Bronze- und der La-Tène-Zeit zu sehen – gibt es von April bis Oktober jeweils an Samstagen, Sonn- und Feiertagen zwischen 13.30 und 18 Uhr, wobei die Führungen immer um 13.30, 15 und 16 Uhr stattfinden. Informationen:
Tel. 02554/85 340
Auch über den Weinlehrpfad – er wurde übrigens 1995 mit Informationstafeln versehen, die Künstler der Region gestaltet haben – kann man sich unter der Telefonnummer 02554/85 340 erkundigen. Weinverkostung obligatorisch!

Tip für Geniesser

Das Falkensteiner Kellerviertel zählt zu den größten des Weinviertels und lädt zu den typischen Sorten der Gegend ein: Grüner Veltliner, Weißburgunder, Welschriesling und Zweigelt. Sieben Falkensteiner Weinbauern präsentieren im Gmoakeller ganzjährig, aber abwechselnd ihre Weine sowie bäuerliche Spezialitäten; geöffnet ist der Gmoakeller Mittwoch und Donnerstag ab 13 Uhr, Freitag ab 15 Uhr und Samstag, Sonn- und Feiertag ab 14 Uhr. Informationen:
Tel. 02554/85 539; unter dieser Telefonnummer kann man auch Gruppen anmelden.

Tips für Ausflüge

Rund um Falkenstein gibt es markierte Wanderwege auf einer Gesamtlänge von rund dreißig Kilometern.
Einen atemberaubenden Ausblick auf den Ort Falkenstein hat man, wenn man den Kreuzberg besteigt, den Kreuzwegstatuen aus dem 17. Jahrhundert säumen.

Tip für Unternehmungslustige

Am ersten Wochenende im August findet in Falkenstein der

Kellergasse in Falkenstein

Kirtag statt, Ende Oktober der Simonimarkt in der Kellergasse, und die Weintaufe im November sollte man sowieso unter keinen Umständen verpassen.

INFORMATION

Gemeindeamt Falkenstein
Tel. 02554/853 40

Fels am Wagram

Gemeinsam mit den Orten Thürnthal, Gösing und Stettenhof zählt die Marktgemeinde Fels zu den größten Weinbaugemeinden des Weinviertels. Sieben Kellergassen – rund fünfhundert Meter vom Ort entfernt – bergen den Wein und laden zu Spaziergängen ein.

In der Margarethenkirche – ihr steiles Walmdach ist weithin sichtbares, markantes Wahrzeichen – finden sich zahlreiche, um 1786 datierte Werke von Martin Johann Schmidt, besser bekannt als Kremser Schmidt. Das sehenswerte „Reibelkreuz" im Norden des Ortes stammt aus dem Jahre 1636.

AUSFLUGSTIPS

Von Fels am Wagram aus kann man zum Thürnthaler Schloß spazieren, dessen heutige Gestalt auf Entwürfe von Joseph Emanuel Fischer von Erlach zurückgeht. Auf Gut Thürnthal ist übrigens ein Reitverein zu Hause.

Die Winzer in Großriedenthal und Hohenwarth sind Ausflüge wert! Vor allem Großriedenthal lockt mit Attraktionen: Denn das von einem vermutlich hallstattzeitlichen Tumulus und einem mittelalterlichen Hausberg gesäumte Angerdorf ist wegen seiner dem hl. Lorenz geweihten Pfarrkirche besuchenswert, deren Hochaltarbild 1769 eine Arbeit des Kremser Schmidt ist. Eine hübsche, von Nußbaumgruppen überschattete Kellergasse befindet sich im Westen der Ortschaft. Hier hat sich vor rund zehn Jahren eine erkleckliche Anzahl von Winzern aus Großriedenthal und aus Neu-

degg zusammengeschlossen, um fürderhin naturnahen, ja vollbiologischen Weinbau zu betreiben. Sehenswert in Hohenwarth ist die auf einer Geländestufe über der Ortschaft thronende, im Kern noch romanische Wehrkirche.

Mühlbach am Manhartsberg ist die Heimatstadt des Weinviertler Heimatdichters Josef Misson („Da Naz"), in dessen Geburtshaus auch eine Gedenkstätte mit einem kleinen Museum für österreichische ♛ Mundartdichtung untergebracht ist. Das Dorf selbst hat sich viel von seiner historischen Bausubstanz erhalten. So findet man beispielsweise eine Scheune aus dem 17. Jahrhundert, in der auch eine alte Weinpresse untergebracht ist.

EINKAUFEN

So viele Rieden – so viel Wein!

Ein paar Winzer als Starthilfe:

Fels am Wagram: Hier ist die Familie Wimmer-Czerny als Mitgliedsbetrieb der Wagramer Selektion namhafter Weinproduzent; Tel. 02738/22 48

E-Mail: wimmer-czerny@pgv.at

Gösing: Anton Söllner, der Grünen Sylvaner, Rheinriesling und Weißburgunder produziert; Tel. 02238/21 26

Hohenwarth: Johann Setzer, der als Spezialität unter anderen einen Roten Veltliner anbietet; Tel. 02957/228

Großriedenthal: Der Winzer Hans Diwald beispielsweise bietet „Bioweine" an, unter anderem einen Frühroten Veltliner; Tel. 02279/72 25

INFORMATION

Gemeindeamt Fels am Wagram
Tel. 02738/23 81-0

Mohnblumenfeld

Schloß Weikendorf

Gänserndorf

Bevor es – natürlich – um den Safaripark geht, ein paar Worte zur wechselhaften Geschichte des Orts: Die Bezirkshauptstadt im nördlichen Marchfeld war bereits in der La-Tène-Zeit besiedelt und wurde 1115 erstmals urkundlich erwähnt. Durch seine Lage an der Kaiser-Ferdinands-Nordbahn erlebte Gänserndorf seinen wirtschaftlichen Aufschwung. Bevor es jedoch soweit war, trug die Gegend rund um die Ortschaft den Spitznamen „Marokko“, weil, wie es in einer Topographie des Jahres 1829 heißt, „in der viert Stunden breiten Strecke von Markgraf Neusiedel bis Oberweiden kein Baum, keine Quelle, kein Haus“ war und sich „dem Blicke in dieser großen Sandwüste nichts als röthliches Heidegras“ zeigte. Sehenswert ist das Rathaus, das im ehemaligen Schloß untergebracht ist und nach einem Brand im Jahr 1840 nach historischen Plänen wiederaufgebaut wurde.

Ausflugstips

Wohin sonst als in den Safaripark: Fast achthundert exotische Tiere warten hier auf den Besucher, der, anders als in üblichen

Riede bei Gaweinstal

Zoos, die Tiere aus dem Käfig eines Autos beobachten kann. Neben den „gewöhnlichen" Tierarten wie Giraffen, Elefanten, Dromedaren oder Löwen erwartet den Photojäger eine Besonderheit: ein weißer Tiger – eine Spezies, die in den fünfziger Jahren als Wildtier ausgerottet wurde (übrigens heißt er „Tibet"). Und ganz offensichtlich fühlen sich die Tiere alle ganz wohl, weil sie sich relativ problemlos fortpflanzen. Angeboten werden auch einige Shows, so zum Beispiel die Papageien-Revue, die Seelöwen-Show oder die Schlangen-Parade. Auch den „lustigen Bauernhof" sollte man keinesfalls versäumen, wenn man mit Kindern unterwegs ist. Sollten Sie mittels öffentlicher Verkehrsmittel angereist sein, ist das auch kein Problem, der Safaribus chauffiert Sie durch das Gelände.

Geöffnet hat der Safaripark von Ende März bis Ende Oktober ab 9 Uhr; er schließt je nach Jahreszeit zwischen 17.30 und 19.30 Uhr, wobei der letzte Einlaß jeweils zwei Stunden davor ist.
Information:
Tel. 02282/70 261-0; über aktuell gültige Preise und Öffnungszeiten kann man sich auch im Internet informieren: www.safaripark.at

Doch es gibt ein (Ausflugs-)Leben neben dem Safaripark: Weikendorf, nur wenige Kilometer in östlicher Richtung von Gänserndorf gelegen, lockt mit einem architektonischen Kleinod: Die barocke Kirche samt Pfarrhof schuf Jakob Prandtauer im Auftrag der Mönche von Stift Melk am Beginn des 18. Jahrhunderts. Die Kirche ist versperrt, den Schlüssel aber kann man sich im Pfarrhof besorgen.
Information: Tel. 02288/23 45

INFORMATION
Stadtgemeinde Gänserndorf
Tel. 02282/26 51-0

Gaweinstal

Die direkt an der Brünnerstraße nördlich des Hochleithenwaldes gelegene Marktgemeinde hieß früher Gaunersdorf, was jedoch nichts mit Banditen zu tun hat, sondern „Gouvinesdorf“, „Dorf der Gaufreunde“, heißt. Der alte Weinbau- und Weinhandelsort ist aus kunsthistorischer Sicht vor allem durch die barocke Georgskirche von Bedeutung. Gaweinstal liegt an der alten Poststrecke zwischen Wien und Mähren und war deshalb von einiger Bedeutung.

AUSFLUGSTIP

Nicht weit von Gaweinstal liegt Höbersbrunn, wo sich ein Weinviertler Reitclub befindet:
Reithof Krexner
Tel. 02574/35 49

INFORMATION

Gemeindeamt Gaweinstal
Tel. 02574/22 21

Göllersdorf

Das allererste, was dem geneigten Besucher auffällt, wenn er über den Hauptplatz dieser Marktgemeinde zwischen Stockerau und Hollabrunn schlendert, ist ein Triumphbogen – er wurde errichtet, als Kaiser Karl VI., Maria Theresias Vater, unterwegs war, um sich in Spanien krönen zu lassen und in Göllersdorf für eine Nacht Logis nahm.

Doch von wirklich großer Bedeutung für den Ort und seine Umgebung waren andere, und zwar Graf Friedrich Karl von Schönborn und der große Baumeister des Barock, Lukas von Hildebrandt. Hildebrandts Hauptwerk im Weinviertel ist zweifellos Schloß Schönborn, das er im Auftrag Graf Friedrich Karls erbaute. Der hatte nämlich vom Wiener Neustädter Bischof die Herrschaft Göllersdorf erworben – allein, das vorhandene Schloß (in ihm ist seit dem Ende des vorigen Jahrhunderts eine Strafanstalt für geistig abnorme Rechtsbrecher untergebracht) sagte ihm nicht zu. Vier Jahre lang wurde ein neues gebaut, bis es 1715 „bezugsfertig“ war. Das Schloß ist nach wie vor im Besitz der Familie Schönborn Buchheim, nur daß die Anlage heute ein Golfclub ist. Das bedeutet leider: Wenn Sie nicht Golf spielen oder zumindest den Caddie geben, haben Sie so gut wie keine Chance, die prachtvolle Gartenanlage samt Orangerie zu sehen. Das Schloß hingegen ist nicht nur Clubhaus, sondern birgt ein sehr gutes Restaurant, in das auch Nicht-Golfern Eintritt gewährt wird.

Aber damit war des Wirkens Hildebrandts in und um Göllersdorf noch nicht genug: auch die Pfarrkirche – sie gilt als letztes Werk Hildebrandts –, eine Loretokapelle, die Pestsäule am Marktplatz sowie die häufig als Wahrzeichen des Weinviertels bezeichnete Johannes-Nepomuk-Kapelle nordwestlich der Schloßanlage schuf der Baumeister.

Freizeit- und Sporttip

Für Golfer ist Schloß Schönborn sicher als eine der nobelsten Adressen Österreichs zu bezeichnen (27 Löcher). Information: Tel. 02267/28 79 oder 28 63; das Restaurant im Schloß steht auch Besuchern ohne Golfambitionen offen und bietet hervorragende Küche. Winters ist das Restaurant nur an Wochenenden geöffnet; Tel. 02267/26 83

Ausflugstip

Die Pfarrkirche von Großstelzendorf zählt ebenfalls zu den unter Johann Lukas von Hildebrandt erneuerten Schönbornschen Patronatspfarrkirchen. Auch die

Schloß Schönborn

1736–1738 entstandenen Altäre werden Lukas von Hildebrandt zugeschrieben.

Information

Gemeindeamt Göllersdorf
Tel. 02245/27 14

Großebersdorf

Ganz in der Nähe des Stadtrands von Wien gelegen, ist Großebersdorf eine der größten Heurigengemeinden im Bezirk Mistelbach – und damit idealer Abschluß eines Ausflugstags ins Weinviertel!

Tip für Unternehmungslustige

Zur Sommersonnenwende wird in Großebersdorf jedes Jahr eine fulminante Sonnwendfeier veranstaltet.

AUSFLUGSTIP
Der Nachbarort Großengersdorf liegt idyllisch am Nordrand des Marchfelds und am Fuße unendlicher Weinbauhügel.

INFORMATION
Gemeindeamt Großebersdorf
Tel. 02245/27 14

Großharras

Am Südwestrand der Laaer Ebene liegt diese bereits in der frühen Bronzezeit besiedelte Marktgemeinde. An der Straße nach Kammersdorf wurde im Jahr 1876 in einer Sandgrube beispielsweise ein altes Langobardengrab mit Fibeln, Metallspiegeln und Perlen gefunden.
Die zum Bezirk Mistelbach zählende Gemeinde wird im Norden des Ortes von einer schönen Kellergasse mit altem Kopfsteinpflaster gesäumt.

AUSFLUGSTIP
In Zwingendorf gibt es ein einzigartiges Naturdenkmal zu bestaunen: eine Glaubersalzsteppe. Dabei handelt es sich um einen ausgetrockneten Teich, dessen salzhaltiger Grund ausschließlich Vegetation erlaubt, wie sie sonst nur in Meeresnähe vorkommt.

INFORMATION
Gemeindeamt Großharras
Tel. 02526/73 15

Großkrut

Die Marktgemeinde am Poysbach spielte während der Türkenkriege als Verteidigungsrampe und Standort warnender Feuer eine bedeutende Rolle. Davon kündet auch die gut ausgebaute Wehrkirche zum hl. Stephan, die im 11. Jahrhundert errichtet wurde und an deren Ostseite sich ein Ölbergrelief aus dem 15. Jahrhundert befindet. Ein sogenanntes „Festes Haus“ in der Poysdorferstraße soll Rudolf I. einst als Jagdschloß gedient haben.
Heute ist die Hauptattraktion

Hügelgrab bei Großmugl

Großkruts zweifellos das alte Kellerviertel oberhalb des Friedhofs, in dem im September ein großes Kellerbergfest stattfindet und wo auch während des Jahres immer wieder da oder dort „ausg'steckt" ist. Ein „informeller" Spaziergang durch das schöne Kellerviertel zahlt sich auf alle Fälle aus.

Immer noch schauerlich präsentiert sich die steinerne Gerichtssäule – sie ist die einzige vollständig erhaltene im Weinviertel – auf dem Galgenberg an der Straße nach Katzelsdorf: Sie ist ein fünf Meter hoher Pfeiler mit Balkenöffnung und stammt aus dem 17. Jahrhundert.

INFORMATION
Gemeindeamt Großkrut
Tel. 02556/72 00

Großmugl

Nomen est omen: Diese kleine Marktgemeinde rund fünfzehn Kilometer nördlich von Stockerau ist durch den 16 Meter hohen Riesengrabhügel (Leeberg) bekannt. Er liegt ein Stück außerhalb der Ortschaft und ist nicht nur der höchste hallstattzeitliche Tumulus Österreichs, sondern sogar Mitteleuropas. Aus technischen Gründen wurden bis heute noch keine Ausgrabungen getätigt, die hallstattzeitliche Datierung steht jedoch außer Streit. Gegraben wurde dafür auf einem kleineren Nachbarmugl – gefunden hat man die Reste einer Grabkammer und Teile von Beigaben. Die Gegend muß überhaupt stark besiedelt gewesen sein, denn erst in jüngster Zeit haben Archäologen am Ortsrand von Großmugl Gebäudereste und kultische Gegenstände freigelegt.

Hat man sich am Leeberg genug umgesehen, kann man durchaus auch einen kleinen Spaziergang durch den Ort unternehmen: Sehenswert ist die gut erhaltene Nikolauskirche mit spätgotischem Chor sowie ein barockes Floriani-Denkmal.

Einkaufen

Leopold Mitterhauser baut Kürbisse an und produziert köstliches Kürbiskernöl; Tel. 02268/63 38

Information

Gemeindeamt Großmugl
Tel. 02268/66 10

Groß-Schweinbarth

Die Marktgemeinde im Bezirk Gänserndorf ist nach jenen Rittern von Schweinbarth benannt, in deren Besitz sich bis 1163 auch die im Ort gelegene ehemalige Wasserburg befand, die danach an die Kuenringer und noch später an die Grafen Abensperg und Traun fiel und in deren Meierhof heute das attraktive Niederösterreichische Museum für Volkskultur untergebracht ist. Schwerpunkte der Sammlung sind bäuerlicher Hausrat und bäuerliches Handwerkszeug, die Darstellung von Haus-, Hof- und Flurformen, Weinbau, Landschaftsinventar, Wagen und Schlitten in einem Schuppen sowie ein typischer Bauerngarten mit Tanzlaube im Hof. Hier finden auch immer wieder brauchtümliche Veranstaltungen statt.

Tip für Wissbegierige

Hier bleiben wir natürlich beim Museum für Volkskultur und dem Niederösterreichischen Bauernmuseum, das auch Kindern einen spannenden Einblick in das Leben am Land bietet. Geöffnet ist es täglich außer Montag von 9 bis 17 Uhr;
Tel. 02289/26 87

Information

Gemeindeamt Groß-Schweinbarth
Tel. 02289/23 02

Großweikersdorf

Der nachweislich bereits in der Altsteinzeit besiedelte Markt im Schmidatal birgt neben dem möglicherweise hallstattzeitlichen Kugelberg – der nicht zu übersehen ist und den man auch keines-

falls versäumen sollte – im Süden des Ortes auch eines der monumentalsten Gotteshäuser des Weinviertels: Die barocke Georgskirche wurde nach Plänen von Joseph Emanuel Fischer von Erlach unter der Leitung von Johann Martinelli erbaut. Die Altarblätter stammen unter anderem von Martin Altomonte und dem Kremser Schmidt.
Sehenswert sind auch die Gansberg-, die Kitzler- und die Meiermühle aus dem 16. bis frühen 19. Jahrhundert.

Ausflugstips

Von Großweikersdorf aus kann man sich mit dem Fahrrad nach Oberrußbach oder nach Niederrußbach aufmachen. Die Landschaft ist sehr reizvoll, die Straßen sind relativ ruhig, weshalb sich ein solcher Ausflug auch durchaus mit Kindern bewerkstelligen läßt.
Man kann das Ganze auch ausdehnen und von Oberrußbach am Haberg vorbei nach Puch fahren. Über das Ameistal zurück, hat man sich nach getaner sportlicher Betätigung ganz bestimmt einen genüßlichen Besuch beim Heurigen verdient.

Information

Gemeindeamt Großweikersdorf
Tel. 02955/70 204-0

Guntersdorf

Etwas mehr als zehn Kilometer nördlich von Hollabrunn liegt Guntersdorf, eine kleine Gemeinde mit einer großen Besonderheit: Gleich zwei Bühnen werden vom „Theater Westliches Weinviertel“ bespielt. In erster Linie werden Stücke österreichischer Autoren aufgeführt. Aber auch das Kindertheater nimmt einen wichtigen Teil des Spielplans ein. Und nicht nur das: Zu allem Überfluß, und als wären zwei Bühnen nicht schon genug, geht das Theater auch noch auf Tournee. Aber Guntersdorf hat dem Besucher noch so einiges anderes zu bieten: Die bereits in der frühen Bronzezeit besiedelte Marktgemeinde wird von einem in der Ortsmitte gelegenen Wasserschloß aus der Renaissancezeit dominiert, das einst auch einen massiven Wehrturm sein Eigen nannte. Vom Turm ist mittlerweile nichts mehr zu sehen, und die Wassergräben unter der löwenbewehrten Brücke sind längst

Kellergasse in Hadres

trockengelegt. Sehenswert ist auch die Maria Himmelfahrtskirche, und zwar vor allem wegen ihres in Formen der Wiener Bauhütte errichteten Sakramentshauses aus dem Jahre 1505. Das von seinem Platz in den Weinbergen vor das Schloß verpflanzte Zigeunerkreuz, eine spätgotische Lichtsäule aus dem Jahre 1504, zählt zu den schönsten Bildstöcken des Weinviertels.

Freizeittip

Das „Theater Westliches Wein viertel" ist einen Besuch wert! Den Spielplan erfahren Sie telefonisch unter 02951/29 09 oder unter 02952/24 53.

Ausflugstip

Östlich von Guntersdorf liegt Kalladorf mit einem kleinen Bauernmuseum – hier kann man sich allerlei längst nicht mehr verwendete Gerätschaft ansehen.

Information

Gemeindeamt Guntersdorf
Tel. 02951/22 47-0

Hadres

Für die Liebhaber von Kellergassen ist ein Besuch in Hadres Pflicht: Hier hat man die Möglichkeit, zumindest eine halbe Stunde lang durch eine einzige Kellergasse zu spazieren – denn Hadres kann für sich in Anspruch nehmen, die mit eineinhalb Kilometern längste geschlossene Kellergasse Österreichs zu besitzen. Rund 360 Häusern im Ort stehen hier 400 Preßhäuser gegenüber! Die Kellergasse liegt übrigens am nördlichen Ortsausgang, dort, wo es zum Pollitzerberg – einem empfehlenswerten Ausflugsziel – geht. Und dabei war die Kellergasse einst noch viel länger: Verborgen unter den Weingärten im Norden des Hintauswegs liegen verlassene Keller, über die nur noch die ganz Alten Bescheid wissen.

Sehenswert sind auch die im Kern gotische Michaelskirche am Hauptplatz sowie der Pranger mit der eisernen Schwerthand aus dem Jahr 1635 im Westen des Ortes. Im Ortsteil Untermarkersdorf lohnt es sich, das Mitte der achtziger Jahre eingerichtete Pulkautaler Weinbaumuseum mit vielen alten Preßhauseinrichtungen und bäuerlichem Arbeitsgerät zu besuchen.

Tips für Unternehmungslustige

Jeden Ostersonntag steht die Kellergasse im Zeichen der „Grean", jenes besonders opulenten Frühlingsbrauchs und Weinfests.
Im Juni findet hier das Akazienblütenfest statt, das sich immerhin über zwei Tage erstreckt.

Tip für Wissensdurstige

Das Keller- und Freilichtmuseum in Hadres hat vom Mai bis in den Oktober geöffnet, und zwar immer am Samstag sowie an Sonn- und Feiertagen von 14 bis 18 Uhr. Nach einer telefonischen Voranmeldung kann man sich auch außerhalb dieser Zeiten die alten Preßhäuser und die unterirdisch miteinander verbundenen Keller ansehen;
Tel. 02943/31 03 oder 28 39

Information

Gemeindeamt Hadres
Tel. 02943/23 03-0

Hagenberg

Etwa zehn Kilometer südwestlich von Staatz liegt wie vergessen dieses kleine Dorf in der Senke des Brandbachs. Trotzdem hat es einiges zu bieten: Zum einen ist da vor allem die im Kern romanische Ägidiuskirche bemerkenswert, deren Hochaltarbild von F. A. Maulbertsch stammt. Neben dem Gotteshaus erhebt sich der sogenannte Glockenberg, ein mittelalterlicher Hausberg. Schön ist der grüne Anger, auf dem ein Pranger steht. Zum anderen gibt es auch hier ein ehemaliges Wasserschloß, dessen Kern aus dem 13. Jahrhundert datiert.

Tip für Wissbegierige

Das Schloß gehört Horst von Wächter, der gegen Voranmeldung die Pforten der Anlage öffnet; Tel. 02524/85 06

Ausflugstips

Ein kleines Stück westlich von Hagenberg liegt Friebritz, ein Zweizeilendorf. Bemerkenswert ist es, weil man hier eine sonderbare jungsteinzeitliche Kreisgrabenanlage mit einem schmalen Außengraben und einem breiten

Innengraben sowie Toranlagen und Erdbrücken, die im Mittelpunkt alter Totenkulte standen, fand.

Liebhabern der Industriearchäologie sei das nordöstlich von Hagenberg gelegene Frättingsdorf empfohlen, an dessen Ortsgrenze eine Ziegelei samt typischer Arbeitersiedlung aus dem späten 19. Jahrhundert zu finden ist.

INFORMATION
Gemeindeamt Fallbach
Tel. 02524/84 66

Hardegg

Hart an der Grenze zum Waldviertel liegt die kleinste Stadt Österreichs, der das Stadtrecht schon im 13. Jahrhundert erteilt wurde. Berühmt ist Hardegg für seine Burganlage, deren Kern aus dem 12. Jahrhundert stammt. Wer Ruhe und unverletzte Naturparadiese sucht, ist gut beraten, hierher zu kommen: Auf einer Länge von zwanzig Kilometern trennt hier die Thaya Tschechien und Österreich. Quer über die

Burganlage von Hardegg

Thaya führt hier eine alte Eisenbrücke, über die täglich Fußgänger und Radfahrer in den Nachbarstaat gelangen.

AUSFLUGSTIP

Ein grenzüberschreitender Tip: Jenseits der Thaya liegt Schloß Frain (Vranov), ein barockes Kleinod von hohem Rang.

INFORMATION

Stadtgemeinde Hardegg
Tel. 02948/84 50

Haugsdorf

Täglich führt durch diesen Ort an der Pulkau die Blechschlange all jener, die es nach Tschechien zieht: Seit der Eiserne Vorhang geöffnet wurde, ist der Ortsteil Jetzelsdorf *die* Durchzugsstrecke geworden, und mit der seligen Ruhe ist es ein für allemal vorbei. Doch der Reisende könnte durchaus in Haugsdorf haltmachen und hier Wein einkaufen, denn der Ort gilt als Weinviertler Rotweinzentrum. Sehenswert ist darum auch die zum Teil noch in urtümlicher „Quaderstock-Lehmbauweise" angelegte Kellertrift am nördlichen Ufer der Pulkau.

Das Kellerviertel liegt an den Hängen des Hutbergs, wo an jedem Wochenende „Tag der offenen Kellertür" angesagt ist und alljährlich am Ostermontag die sogenannte „Grean" stattfindet. Auch beim alljährlichen Maibaumaufstellen und dem Pulkautaler Volksfest zu Pfingsten fließt der Wein in Strömen. Aus kunsthistorischer Sicht ist Haugsdorf vor allem wegen seiner um 1400 entstandenen dreischiffigen gotischen Hallenkirche von Bedeutung.

TIP FÜR UNTERNEHMUNGSLUSTIGE

Im September findet in Haugsdorf ein „Hüatafest" statt: Eine Reminiszenz an jene Zeiten, als Weingartenhüter – eben die Hiata oder Hüata – die Rieden vor Dieben und dem natürlichen Feind eines jeden Hauers, den Staren, schützten. In Haugsdorf ist – wie auch noch in einigen anderen Orten – noch eine „Hüatahüttn" zu sehen: ein Unterstand, der den Hüata vor Nacht und Nebel und den Unbilden des Wetters bewahrte. Wann der „Hüatagang" stattfindet, erfährt man unter der Telefonnummer 02944/26 066.

INFORMATION
Gemeindeamt Haugsdorf
Tel. 02944/22 18-0

Hausleiten

Die an den Hängen des Wagram im Bezirk Korneuburg gelegene Marktgemeinde bietet mit der Agathenkirche eine kunsthistorische Attraktion, die ihren Reiz vor allem dem Zusammenspiel von gotischen Gewölben und barocker Ausgestaltung verdankt. Zu den wertvollsten Stücken zählen das Hochaltarbild und einige weitere Altarblätter des Kremser Schmidt. Bemerkenswert ist Hausleiten auch deshalb, weil es als älteste von Passau gegründete Mutterpfarre des Weinviertels gilt – „1000 Jahre Seelsorge in Hausleiten" ist daher auch der Slogan, der einen gleich am Ortseingang begrüßt.
Eine zweiseitige Kellergasse am Mühlberg im Nordosten der Ortschaft erinnert an Zeiten, in denen in Hausleiten noch wesentlich mehr Weinbau betrieben wurde als heute.

EINKAUFEN
Bloß einen „Sprung" von Hausleiten entfernt liegt Seitzersdorf-Wolfpassing, wo ein permanenter Bauernmarkt stattfindet: Entlang der Straße wird verkauft, was das Land an Früchten gibt: Kraut, Wein, Honig, Gurken oder Erdäpfel – je nach Jahreszeit. Für Liebhaber von Trödel bieten sich die Trödlerstuben der Gebrüder Schmidt an: Hier findet man vom Scheunentor über die alte Singer-Nähmaschine bis zur Karlsbader Kaffeekanne alles, was das Herz begehren mag. Geöffnet ist das Geschäft Montag bis Freitag von 9.30 bis 18 Uhr, am Samstag von 9.30 bis 14 Uhr; Tel. 02265/435

INFORMATION
Gemeindeamt Hausleiten
Tel. 02265/72 67-0

Herrnbaumgarten

Vergessen Sie Kaffeemaschinen, Mixer, Staubsauger & Co., wenn Sie nach Herrnbaumgarten kommen. Oder besser: Sie werden das alles vergessen, wenn Sie erst von den unglaublichen Erfindungen gehört haben, die es hier gibt. Einen tragbaren Zebrastreifen zum Beispiel – mit links quer über die Südosttangente! Oder die

Konditorbrille – endlich symmetrische Stücke von der Geburtstagstorte! Oder der Vorwarnhammer, der Amtsschimmel, der Reisekoffer für Nudisten – oder der (das) Zwei-Geld, der ultimative Trosttropfen für Währungsunionsgeschädigte. Das Honigmesser mit konkaver Klinge, das eine Mulde ins Brot schneidet und solcherart klebrige Finger vermeidet, ist bloß noch der Schlagoberstupf auf dieser (geistigen) Schokoladentorte, die sich *Nonseum* ♛ nennt – ein Museum, in dem all jene Erfindungen ausgestellt sind, die Sie immer schon haben wollten.

Seit dem Jahr 1994 gibt es diese heitere Einrichtung, die jeden Besucher um ein paar Lachfalten reicher wieder entläßt. Übrigens wurde hier 1991 auch der *Verein zur Verwertung von Gedankenüberschüssen*, kurz: VVG, gegründet. Er gibt für allerlei schwierige Lebenssituationen wertvolle Tips: „Wie verbessere ich mein Tennisspiel“, „Wie fängt man einen Fisch“ – wie das alles geht, sei hier nicht verraten. Fahren Sie hin, schauen Sie es sich an – und werden Sie für öS 10,10 jährlich fröhliches Mitglied des VVG.

Aber Herrnbaumgarten ist auch die größte Weinbaugemeinde im östlichen Weinviertel – und das merkt man spätestens dann, wenn man sich zu einem weiten Spaziergang außerhalb des Orts aufmacht und stundenlang ✗ über die mit Weinstöcken bewachsenen Hügel wandert. Und auch die Weinkeller laden zu ein bißchen Strawanzen ein – die zweizeilige Kellergasse befindet sich etwas

Kellergasse in Herrnbaumgarten

versteckt auf einem Hügel in Richtung Drasenhofen. Im Juni findet hier übrigens alljährlich ein großes Kellergassenfest statt.

Der besondere Tip

Versäumen Sie auf keinen Fall das *Nonseum* genannte Skurrilitätenkabinett des Herrn Gottfried Umschaid (der übrigens auch hervorragender Weinbauer ist!):
's Preßhaus im Kulturzentrum Herrnbaumgarten; geöffnet von Ostern bis Allerheiligen, Samstag, Sonn- und Feiertag jeweils von 13 bis 18 Uhr; Gruppen ab zehn Personen können auch außerhalb dieser Zeiten das Nonseum besuchen;
Tel. 02555/27 37 oder 27 87
Und sollten Sie schon zu Hause lachen wollen: vvg.or.at lautet die Adresse im Internet.

Tips für Unternehmungslustige

Herrnbaumgarten hat auch ein Kino, das täglich seine Pforten öffnet und tatsächlich aktuelle Filme spielt. Tel. 02535/28 35
Kinder – und Erwachsene! – können über die groteske Formenvielfalt eines „Vogelscheuchengartens" an der Straße nach Poysdorf lachen.

Sport- und Freizeittip

Zwei Tennisplätze, ein Teich, der sowohl zum Fischen als auch zum Baden einlädt sowie Reitmöglichkeiten sollten keinen Wunsch offenlassen!

Information

Marktgemeinde Herrnbaumgarten; Tel. 02555/22 00,
Fax: 02555/22 00-4

Hochleithen

Zu ausgedehnten, sehr entspannenden Spaziergängen lädt die Umgebung dieses kleinen Orts ein, der ziemlich genau in der – nördlichen – Mitte zwischen Kreuttal und Hochleithenwald liegt. Wolfpassing, Traunfeld und Bogenneusiedel zählen ebenfalls zu dieser Gemeinde.
Sehenswert ist die barocke Pfarrkirche in Wolfpassing, die von keinem Geringeren als Fischer von Erlach stammt. Das Relief über dem Portal der Nepomukkirche in Traunfeld erinnert an den Freiheitskämpfer Pater Joachim Haspinger. Und die Kellergasse in Bogenneusiedel rechtfertigt in jedem Fall einen Ausflug.

Ein Denkmal ganz anderer Art gibt es in Wolfpassing noch zu bestaunen: eine 250 Jahre alte Linde mit einem Stammumfang von sage und schreibe sechs Metern!

INFORMATION

Gemeindeamt Hochleithen
Tel. 02245/89 166

Hohenau an der March

Wahrzeichen des Orts und unübersehbar ist der 1745 erbaute Glockenturm, der in den sechziger Jahren von seinem angestammten Platz versetzt wurde. Und noch eine Besonderheit hat Hohenau aufzuweisen: Hier wurde Oskar Sima geboren, seines Zeichens Volksschauspieler, in Wahrheit aber ein früher, auf wienerische Art gemütlicher „Böser“ (er ist der große Füllige in den Hans-Moser-Filmen!), der uns an verregneten Samstagnachmittagen schon so manchen Lacher entlockt hat.

Geographisch gesehen liegt Hohenau im Drei-Länder-Eck zwischen Österreich, Tschechien und der Slowakei, historisch gesehen an der Kreuzung der Bernsteinstraße mit ihrem ostwestlichen Pendant, dem sogenannten Königsweg. Sehenswert sind in jedem Fall die Heiligenkreuzkirche und der 1938 stillgelegte jüdische Friedhof.

Rein wirtschaftlich gesehen ist Hohenau Standort einer der drei größten Zuckerfabriken Österreichs.

SPORT- UND FREIZEITTIPS

Die Marchauen laden zum Fischen ein: Vom Aal über Hecht und Karpfen bis zum Zander gibt es alles, was das Anglerherz erfreut. Informationen über Angelkarten erhält man unter anderem beim Guts- und Forstbetrieb Wilfersdorf, Tel. 02573/22 19.

Hohenau wartet mit einem immerhin 33000 Quadratmeter großen Badeteich auf!

Ein außergewöhnliches Erlebnis sind die vogel.schau.plätze. Besonders das Forschungszentrum, die sogenannte Beringungsstation, lockt zahlreiche Besucher. Hier werden die Brutvögel gezählt und durch Ringe markiert – seit 1994 an die 10000 Vögel. Führungen durch das gesamte Gebiet kann man von Mai bis Oktober jeden Samstag um 17 Uhr und am Sonntag um 8 Uhr mitmachen;

die Beringungsstation kann zwischen Mai und Oktober immer von Donnerstag bis Sonntag besucht werden. Spezialexkursionen und Vogelbeobachtungskurse werden ebenfalls angeboten. Informationen erhält man unter der Tel. 0663/94 18 881.

Information

Marktgemeinde Hohenau an der March; Tel. 02535/23 07

Hohenruppersdorf

An den Ausläufern des Matzener Walds gelegen, ist Hohenruppersdorf ein idealer Ausgangspunkt für Wanderungen und Radtouren: Zur Zeit der Türkenkriege war Hohenruppersdorf ein wichtiger, durch zahlreiche Mauerringe abgesicherter Fluchtpunkt. Diese strategische Bedeutung spiegelt sich in der erst später barockisierten Wehrkirche zum Hl. Kreuz wider. Der Karner nördlich des Gotteshauses stammt aus dem Jahre 1508. Die Dreifaltigkeitskirche, der Pfarrhof und das Rathaus – alle drei aus dem Barock stammend – sind zudem sehenswert.

Im Süden und im Osten läuft der Ort in einladenden Kellergassen aus.

Tip für Unternehmungslustige

Am Leopolditag, dem 15. November, findet in den Hohenruppersdorfer Kellergassen jährlich der „Tag der offenen Kellertür“ statt.

Tip für Wissbegierige

Wer sich den Karner anschauen will, bekommt den Schlüssel entweder beim Pfarrhof Nr. 2 oder unter der Tel. 02574/83 11.

Information

Marktgemeinde Hohenruppersdorf; Tel. 02574/83 04
Fax: 02574/80 02

Hollabrunn

Hollabrunn ist Messe-, Schul- und zentraler Einkaufsort des westlichen Weinviertels: Das Hollabrunner Volksfest und die Weinlandmesse stehen seit jeher im Mittelpunkt des Weinviertler Weinbaus. Und den Schulen in der Stadt verdankt Hollabrunn eine durchaus rege „Szene“. Berühmt ist in diesem Zusammenhang übrigens das – heute nicht mehr als solches geführte – Erzbischöfliche Seminar, dessen an sich guter Ruf durch den Skandal rund um Kardinal Hans Hermann Groër gelitten hat. Heute sind in dem beeindruckenden Gebäude ein Oberstufengymnasium und eine Krankenpflegeschule untergebracht.

Sollten Sie Lust haben, durch die Stadt zu schlendern, hier ein paar architektonische Tips: Am Hauptplatz gibt es ein prächtiges Jugendstilhaus, das Hugo Wanderley, ein Schüler Otto Wagners, erbaut hat.

Die Ulrichskirche stammt zwar aus dem Jahr 1320, erhielt ihr heutiges Aussehen aber im 19. Jahrhundert. Und neben einem mit Rosenkreuzersymbolen verzierten Haus in der Pfarrgasse ist vor allem die Alte Hofmühle am Mühlenring aus dem frühen 17. Jahrhundert – sie war bis 1928 in Betrieb, heute ist in ihr das Stadtmuseum untergebracht – sehenswert. Was nur wenigen bekannt ist: Hollabrunn hatte bis zum September 1938 eine stark assimilierte, aber blühende jüdische Gemeinde. Davon zeugt noch heute der – ziemlich verfallene – jüdische Friedhof.

Tips für Geniesser

Im Café Sobieski in der Sparkassengasse kann man gut in die Luft schauen: Neben Kaffeehausatmosphäre bietet es eine wunderschöne Stuckdecke. Und ebenfalls in der Sparkassengasse gibt es im Café Doris sommers köstliches Eis.

Ausflugstips

Ein schwarzer Obelisk an der Straße von Hollabrunn in Richtung Schöngrabern erinnert an die blutigen Schlachten, die Napoleons Heer 1805 und 1809 gegen die österreichisch-russische Allianz schlug.

Weit weniger martialisch ist ein Ausflug nach Klein-Maria Dreieichen, einer alten, wunderbar ruhig und idyllisch gelegenen Pilgerstätte mitten im Wald.

Ein paar Kilometer nördlich von Hollabrunn liegt Aspersdorf. Selten in Reiseführern bedacht, lockt es doch mit einer Besonderheit: der Georgskirche, ♛ erbaut von Lukas von Hildebrandt. Und ein zweites Gebäude in Aspersdorf steht unübersehbar im Dorf: der ehemalige Pfarrhof, der, im Verhältnis zur Größe des Ortes, geradezu riesige Ausmaße hat. An

ihn schließen der Schüttkasten und die Stallungen an, die mit der dreischiffigen Säulenhalle mit Netzrippengewölbe von ehrfurchtgebietender Großartigkeit sind. Wenngleich neben den barocken Juwelen in Aspersdorf die Sinnenlust nicht zu kurz kommt: Kirchhügel und Pfarrkirche samt Friedhof sind von einem ausgedehnten Kellerviertel umschlossen.

Information

Tourismusinformation Hollabrunn; Tel. 02952/21 02-0

Kirchberg am Wagram

Kirchberg am Wagram ist ein besonders hübscher Ort, der fast kaskadenartig angelegt ist: unten ist es noch Tullnerfeld, dann geht's bergauf, bis auf halber Höhe die barocke Wallfahrtskirche Maria Trost liegt – der Blick vom Kirchplatz und vom Friedhof bei der Kirche ins Tullnerfeld ist übrigens prächtig –, und letzten Endes erreicht man ganz oben den Hauptplatz.

Ausflugstip

Dieser Ausflugstip ist gleichzeitig ein Genießertip, denn höchst erfreulich kann sich ein Spaziergang nach Oberstockstall gestalten, wenn man ihn mit einem Besuch im Zwei-Hauben-Restaurant Gut Oberstockstall krönt (siehe 4, *Mini-Restaurant-Guide*). Sensationell ist, was man unter der Kapelle des Schlosses (in dem sich übrigens das Restaurant befindet) in den achtziger Jahren fand: nämlich ein vollständiges Alchemistenlabor aus dem

16. Jahrhundert. Die Funde kann man sich im Rathaus von Kirchberg ansehen. ♛

Information
Gemeindeamt Kirchberg
am Wagram; Tel. 02279/23 32

Kirchstetten

Am Westabhang des Falkensteiner Hügellands und am östlichen Rand der Laaer Ebene findet man Kirchstetten, dessen Wahrzeichen das gleichnamige Schloß ist. Aus dem 12. Jahrhundert stammend, wurde es im 18. Jahrhundert nach Plänen von Johann Bernhard Fischer von Erlach ausgebaut. Einen tröstlichen Titel für alle ungerecht Behandelten trägt das Deckenbild von Franz Anton Maulbertsch: „Der Sieg der Wahrheit über die Zeit“. Ob sich allerdings in dem Schloß, das untrennbar mit der Familie Suttner verbunden ist, Bertha von Suttner tatsächlich aufgehalten hat, ist bis heute nicht bewiesen, wenngleich vieles darauf hinweist. Jedenfalls fand hier 1998 eine große Landesausstellung über große Frauengestalten der österreichischen Geschichte statt.
Gegenwärtig sind zahlreiche Bestrebungen im Gange, das Schloß

Landesausstellung in Schloß Kirchstetten

Heldenberg bei Kleinwetzdorf

zu revitalisieren und in ein Hotel und ein Seminarzentrum umzuwandeln.

Ausflugstip

Kirchstetten liegt umgeben von Wald und welligen Hügeln in einer lieblichen Gegend, die zahlreiche, ganz ungeplante Spaziergänge mit herrlichen Ausblicken belohnt.

Information

Gemeindeamt Neudorf
Tel. 02523/83 14

Kleinwetzdorf

„Hier liegen drei Helden in seliger Ruh', zwei lieferten Schlachten, der dritte die Schuh." – Joseph Gottfried Pargfrieder war nicht nur Heereslieferant für Schnürstiefel, er hatte auch den Ruf, mit nicht ganz feinen Methoden zu seinem Vermögen gekommen zu sein. Und er schuf eine der sonderbarsten Anlagen der k. u. k. Monarchie: das für die beiden Feldherren Radetzky und Wimpffen errichtete Mausoleum am Heldenberg ♛ – in dem der Bauherr auch selbst begraben liegt – samt einer erklecklichen Anzahl größerer und kleinerer Büsten und Statuetten. Die ganze Anlage besteht aus Schloß Kleinwetzdorf (hier residierte Herr Pargfrieder), einem Schloßgarten, einem Englischen Garten, einem Landschaftspark, dem sogenannten Kaisergarten mit einer Standfigur des jungen Kaiser Franz Joseph sowie dem eigentlichen Heldenberg – dieser ist öffentlich zugänglich und allein aufgrund seiner Merkwürdigkeit besuchenswert.

Information

Gemeindeamt Heldenberg
Tel. 02956/25 53-0

Korneuburg

Bekannt ist Korneuburg in erster Linie als Industriestadt vor den Toren Wiens. Daß Korneuburg, das 1120 erstmals urkundlich

Rathaus von Korneuburg

erwähnt und bereits 1168 zur Stadt erhoben wurde, aber durchaus sehenswerte historische Schätze birgt, ist weniger geläufig. Ähnlich wie in Wien ist der Stadtkern von einer Ringstraße umgeben, die in ihrem Verlauf dem der alten Stadtmauer entspricht. Von ihren ursprünglich rund 1700 Metern sind noch knapp zweihundert zu sehen.

Wahrzeichen der Stadt ist das Rathaus, das im vorigen Jahrhundert erbaut wurde und an das der gotische Stadtturm anschließt. Zu den bemerkenswertesten Bauten zählt die Ruine der ältesten erhaltenen Synagoge ♛ Österreichs, die zu Beginn des 14. Jahrhunderts errichtet und im 15. Jahrhundert profaniert wurde. Im übrigen blieb der altstädtische Kern weitgehend erhalten. Am Platz des 1305 zerstörten Judenviertels wurde die Augustinerkirche errichtet, in der sich das Altarfresko „Das Letzte Abendmahl“ von Franz Anton Maulbertsch befindet.

Wirtschaftliche Bedeutung erlangte die alte Donaustadt vor allem durch die 1852 hier gegründete Schiffswerft. Neben der Werftkolonie ist das berühmte Raaber Kreuz aus dem Jahre 1599 zu sehen.

Ein Denkmal ganz anderer Art befindet sich auf dem Hauptplatz: Ein Bildnismedaillon des musikalischen Genius loci, des Operettenkomponisten Nico Dostal.

Tip für Eilige

Den Stadtturm 📷 kann man besteigen – zwischen 10 und 17 Uhr, aber Achtung: Wintersperre! – und sich von hier aus einen guten Überblick über die Stadt verschaffen.

Tip für Wissbegierige

Eine umfassende Sammlung zur Stadtgeschichte, in der unter anderem auch hallstattzeitliche Mondidole ausgestellt sind, ist im Stadtmuseum am Dr.-Max-Burckhard-Ring zu sehen; Tel. 02262/72 553

Ausflugstip

Nostalgischen Charme hat die Rollfähre, die die Verbindung zu Klosterneuburg auf der anderen Seite der Donau darstellt. Zwischen März und Ende September fährt sie wochentags ab 6.30 Uhr, am Samstag, Sonn- und Feiertag ab 8 Uhr jeweils bis Sonnenuntergang.

Tip für Geniesser

Auf, auf ins Donaurestaurant Tuttendörfl (siehe 4, *Mini-Restaurant-Guide*)!

Information

Gemeindeamt Korneuburg
Tel. 02262/770-0

Kreuttal

Zu beiden Seiten des Rußbachs erstreckt sich das Kreuttal, eine waldreiche, idyllische Gegend, die etwas von der Atmosphäre einer Sommerfrische hat. Geographisch gesehen erstreckt sich das Kreuttal in ostwestlicher Richtung quer durch den Kreutwald. Und hier kann man – je nach persönlicher Vorliebe – herrliche Spaziergänge

Heiligenberg bei Hautzendorf im Kreuttal

Burg Kreuzenstein

oder Wanderungen unternehmen. Zu empfehlen ist zum Beispiel die Tour von einer Mühle zur anderen entlang des Rußbachs. Vom Kronberghof außerhalb von Riedenthal über die Gösslmühle in Unterolberndorf zur Luisenmühle, die mit ihrem Zwiebelturm ein Wahrzeichen des Kreuttals ist. Drechsler-, Nimmerrichter- und Wannerermühle sind die letzten drei, bevor man nach Ritzendorf gelangt, wo sich zwei Reitställe befinden.

Auch ein Ausflug auf den Heiligenberg nördlich von Hautzendorf ist empfehlenswert: Hier soll es bis zur ersten Türkenbelagerung ein Dorf gegeben haben, das von den Usurpatoren niedergebrannt worden ist. Andere Katastrophen haben dann das Ihre getan, um dem Dorf endgültig den Garaus zu machen. Heute ist am Heiligenberg nur noch die inzwischen renovierte Kirche zu sehen.

Ein Stück weiter westlich liegt Karnabrunn, ein Wallfahrtsort im Karnabrunner Wald, der auf ein Gelöbnis des Grafen Julius Friedrich Bucellini aus dem Pestjahr 1679 zurückgeht, als dieser versprach, eine Kirche zu erbauen, wenn seine Familie von der Krankheit verschont bliebe. Neben dieser frühbarocken Wallfahrtskirche – zu ihr führt eine sehr schöne Kastanienallee, die von barocken Heiligen gesäumt ist – sind auch noch das Bucellinische Wasserschloß und der seit 1904 im Originalzustand erhaltene Lokalbahnhof zu sehen.

Sport- und Freizeittips

32 Kilometer Rundwanderwege im Kreuttal laden zum Entspannen ein. Besonders schön und für Kinder und Erwachsene gleichermaßen interessant ist der Waldlehrpfad mit der Aussichtswarte in Unterolberndorf.

Menschen mit guter Kondition können sich zu einer rund vierzig Kilometer langen Radtour von Wien aus rund um das Kreuttal aufmachen. Sie führt von Eibesbrunn nach Großebersdorf weiter nach Putzing, Manhartsbrunn, Mollmannsdorf und Würnitz nach Weinsteig. Von dort geht es dann nach Ober- und Niederkreuzstetten, Neubau-Kreuzstetten, Atzelsdorf und Pellendorf (dieser Streckenabschnitt führt über einen Hügelrücken, der fast den Rang einer Panoramastraße

einnimmt – jedenfalls hat man von hier aus einen wunderschönen Blick über die Landschaft) und nach Gaweinstal. Für weniger Sportliche ist dieser Ausflug auch mit dem Auto schön – und man kann sich ja unterwegs auf den zahlreichen markierten Spazier- und Wanderwegen die Füße vertreten.

Zudem ist das Kreuttal das reinste Paradies für Reiter. Von Hautzendorf und Höbersbrunn über Karnabrunn, Mollmannsdorf und Niederkreuzstetten bis nach Pellendorf und Ritzendorf gibt es Reitclubs sonder Zahl. Hier aus dem überreichen Angebot zumindest zwei:

Reitclub Schloß Karnabrunn;
Tel. 02263/67 06

Reiterzentrum Dr. Scholda & Bachinger, Ritzendorf;
Tel. 02236/65 61

INFORMATION
Gemeindeamt Kreuttal, Hautzendorf; Tel. 02245/89 260

Kreuzenstein

Das einem romantischen, mittelalterseligen Eklektizismus entsprungene Märchenschloß ♛ auf einer bewaldeten Anhöhe bei Korneuburg ist nicht nur jenes Historismus-Disneyland, als das es üblicherweise dargestellt wird und das heute für zahlreiche Filme eine ideale Kulisse bietet: Bereits 1115 befand sich genau an dieser Stelle die Burg Grizanestein, die 1645

Himmelkeller in Kronberg

allerdings von schwedischen Truppen nahezu dem Erdboden gleichgemacht wurde. Die Ruine ging 1714 in den Besitz der Grafen Wilczek über und wurde in den Jahren 1874 bis 1906 unter der Federführung Graf Johann Nepomuk Wilczeks und unter Verwendung von vielerlei historischen Versatzstücken, die der Bauherr aus ganz Europa zusammentragen ließ, als idealtypische Musterburg neu errichtet. Außerdem beinhaltet die Burg eine bemerkenswerte Sammlung von über 11 000 Exponaten, darunter die Hobelbank Kaiser Maximilians, Gobelins aus Flandern, ein Badezimmer aus Parma sowie Glasmalereien aus der Grazer Schloßkapelle. Besonders sehenswert ist auch die in allen Details auf historische Authentizität Wert legende Schloßküche, in der sich zahlreiche mittelalterliche und frühneuzeitliche Küchengeräte wie Waffeleisen, Nudeldrucker und Windbrater befinden. Besichtigen kann man Kreuzenstein unter kundiger Führung zwischen März und November täglich von 9 bis 16 Uhr (nur Montag ist Ruhetag);
Tel. 02262/66 102 oder 66 203

Kronberg

Das am Rand des Hochleithenwalds Richtung Kreuttal gelegene Kronberg ist untrennbar mit dem Namen Hermann Bauch verbunden. Der international renommierte Künstler – er stattete unter anderem die Gedenkstätte von Hiroshima aus – hat im sogenannten „Himmelkeller“ ♛ einen ehemaligen Erdstall mit Kapellenraum zu einem sehens- und erlebenswerten Kunst- und Kulturzentrum ausgebaut.
Wunderschön präsentiert sich die alte, nicht zuletzt durch die Bemühungen Hermann Bauchs vorbildlich instandgehaltene Kellergasse, durch die ein Weinlehrpfad führt.

Tip für Geniesser

In der alten Mühle Kronberghof ist ein Restaurant mit Reiterhof untergebracht, wo man im Spätfrühling hervorragenden Spargel in allerlei Variationen genießen kann (siehe 4, *Mini-Restaurant-Guide*).

Information

Gemeindeamt Ulrichskirchen
Tel. 02245/24 32

Laa an der Thaya

Aus der alten Grenzstadt am Mühlbach, einem Seitenarm der Thaya, stammt eines der berühmtesten Photos zur jüngeren Zeitgeschichte: Im Dezember 1989 durchtrennten hier die Außenminister Alois Mock und Jiří Dienstbier den Ost- und Westeuropa trennenden Stacheldraht. Der Eiserne Vorhang war damit ein für allemal Geschichte geworden.

Urkundlich erwähnt wurde Laa erstmals 1150, das Stadtrecht erhielt es unter der Herrschaft Leopolds VI. zwischen 1198 und 1230. Die im 13. Jahrhundert errichteten und zwei Jahrhunderte später erneuerten Stadtbefestigungen waren durch zahlreiche Belagerungen und Hussiteneinfälle immer wieder schweren Belastungsproben ausgesetzt, sind jedoch noch zum Teil erhalten.

Zu den sehenswertesten Bauwerken zählt neben der mittelalterlichen Wohnburg im Nordosten der Stadt die Veitskirche auf dem Kirchenplatz, deren um 1700 entstandenes Westportal Johann Bernhard Fischer von Erlach zugeschrieben wird. Kunsthistorisch bemerkenswert sind auch die gotische Bürgerspitalskirche, der Pranger aus dem Jahre 1575 auf dem Stadtplatz sowie das im Kern aus dem 13. Jahrhundert stammende Alte Rathaus, in dem heute unter anderem das Südmährer-Museum Thayaland untergebracht ist. Das Alte Rathaus wird im übrigen gerade umfassend renoviert und ausgebaut, ein Bild- und Tonarchiv über Laa soll eingerichtet werden – alles Vorbereitungen für die 850-Jahr-Feiern der Stadt, die im Jahr 2000 mit einer Reihe von Veranstaltungen begangen werden. Laa an der Thaya, in dem Aeneas Silvius Piccolomini, der spätere Papst Pius II., als Pfarrherr gewirkt hatte, wurde ob seiner sumpfigen Lage zuweilen viel geschmäht, doch ebenso häufig gepriesen. So heißt es in einem alten Spruch:

„Ybbs und Enns,/Stein und Krems,/Brünn und Prag,/Wien und Laa,/Köln am Rhein,/Seindt der schönsten Städte neun."

Manches vom mittelalterlichen Charme ist jedoch der industriellen Revolution des 19. Jahrhunderts zum Opfer gefallen – denn berühmt wurde Laa auch für seine Ziegelindustrie. Eine besonders alte Tradition hat hier die Bierbrauerei. So befindet sich in Laa mit der alten Hubertusbrauerei, die auch noch einen barocken Speicher aus dem Jahre 1742 birgt, nicht nur die letzte der zahlreichen alten Braustätten des Weinviertels, sondern auch ein sehenswertes Biermuseum am Burgplatz.

Ausflugstip

Nur zwei, drei Kilometer südöstlich von Laa liegt Hanfthal, ein Rundangerdorf inmitten der Laaer Ebene, das früher vor allem für die Zucht von Vollblutpferden berühmt war.

Zu den aus der Hanfthaler Ortsgeschichte überlieferten Bräuchen zählen unter anderen das ursprünglich gegen die katholische Obrigkeit gerichtete „Eierspeisessen", für welches die Burschen des Ortes am Faschingsmontag, als Narren verkleidet, Fleisch und Eier einsammeln, die sie dann am Aschermittwoch oder am darauffolgenden Samstag gratis verteilen.

Sport- und Freizeittips

Zu Fuß rund eine Stunde von Laa entfernt, am Fahrrad entsprechend schneller erreichbar, ist jener kurze Abschnitt der Thaya, wo sie hier auf österreichischem Boden fließt. Sie ist hier so tief, daß man herrlich darin schwimmen kann.

Für alle, die gerne Ausflüge mit dem Fahrrad unternehmen, ist Laa das reinste Eldorado, denn es bietet gleich vier unterschiedliche Radwanderwege an.

Tips für Wissbegierige

Drei interessante Museen hat Laa zu bieten:

Biermuseum in der Burg; geöffnet Samstag, Sonn- und Feiertag jeweils von 14 bis 16 Uhr;
Tel. 02522/25 01-29 oder 22 89

Südmährer-Museum im Alten Rathaus; geöffnet Sonn- und Feiertag, jeweils 14 bis 16 Uhr;
Tel. 02522/25 01-29 oder 75 88 oder 843 42

Pestsäule in Laa an der Thaya

Kutschenmuseum am Messegelände; geöffnet Sonn- und Feiertag, 14 bis 17 Uhr;
Tel. 02522/25 01-29

TIP FÜR GENIESSER

Der Gasthof Weiler ist zur Spargel- und zur Wildbretzeit besonders zu empfehlen (siehe *4, Mini-Restaurant-Guide*).

INFORMATION

Tourismusbüro im Alten Rathaus
Tel. 02522/25 01-29

Ladendorf

Obwohl die westlich von Mistelbach gelegene Marktgemeinde eine hübsche spätbarocke Andreaskirche und ein von Donato Felice d'Allio umgebautes Barockschloß aufzuweisen hat, ist seine eigentliche Hauptattraktion ein Naturdenkmal: Die aus dem Schloßpark schnurgerade ins weite Land hineinführende Lindenallee 📷 wurde von Graf Daun 1722 angelegt und ist nicht nur wegen des bemerkenswerten Umfangs der Bäume, sondern auch wegen ihrer außerordentlichen räumlichen Dimension ein Weinviertler Unikat: Sie mißt zwischen

20 und 25 Meter in der Breite, ist vierreihig und etwa drei Kilometer lang.

AUSFLUGSTIP

Herrnleis, am Fuße von Haar- und Ellensberg in den Leiser Bergen gelegen, konnte sich seinen ursprünglich-dörflichen Charakter bis heute erhalten.
Auf einem Kirchbühel steht die dem hl. Nikolaus geweihte Pfarrkirche, in der sich einige Altarbilder des Kremser Schmidt aus den Jahren 1776 bis 1777 befinden. Die romanische Steinfigur des hl. Nikolaus unter der Orgelempore stammt aus der Zeit um 1100.

INFORMATION

Gemeindeamt Ladendorf
Tel. 02575/22 50

Bei Ladendorf

Loosdorf

Der kleine Ort am südlichen Rand der Laaer Ebene hat mancherlei Einzigartiges oder auch – je nach Geschmack – Merkwürdiges zu bieten: Da sind einmal eine riesige Zinnfigurensammlung (über 10 000 Stück!) und der sogenannte Schutzraumweinkeller: ein GAU-sicherer Schutzraum mit allem Drum und Dran. Fünfzig Personen finden hier im Fall des Falles Unterschlupf. Himmlischen Schutz jedoch erhoffen sich die Loosdorfer von ihrer „Umwelt-Madonna", die von Heinz Kogelnik geschaffen wurde. Eine kuriose Sehenswürdigkeit ist die kleine Kopie der riesigen Christusstatue von Rio de Janeiro.
In Schloß Loosdorf ist die schon erwähnte Zinnfigurensammlung sowie eine Reihe beeindruckender Schlachtendioramen zu sehen. Sehenswert im Schloß ist auch das „Scherbenzimmer", wo – geordnet nach Manufakturen – die Scherben, die Zweiter Weltkrieg und Besatzungszeit hinterließen, mit Bedacht und ästhetischem Feingefühl aufgelegt wurden.

Tip für Wissbegierige

Wenn man sich das Schloß ansehen möchte, so ist dies nach Voranmeldung zwischen Mai und Oktober möglich;
Tel. 02524/82 22
Sommers finden im Schloß ein Konzertzyklus sowie auch Meisterkurse für Klavier statt. Auskünfte erhält man unter der oben angeführten Telefonnummer.

Ausflugstips

Der Nachbarort Fallbach kann gleich auf drei sehr gut erhaltene Kellerviertel mit zum Teil zweigeschossigen Kellerbauten an den Ortsrändern verweisen. Aber auch die etwas erhöht liegende spätgotische Kirche ist sehenswert. Auf einem nahen mittelalterlichen Hausberg wurde Ende des 18. Jahrhunderts auch die romantisierende künstliche Ruine

der sogenannten Hanselburg angelegt.
Ein Stück südlich von Fallbach liegt Gaubitsch, das besonders wegen seines zweizeiligen Kellerviertels im Norden sehenswert ist. Und Gnadendorf, das ganz in der Nähe von Zwentendorf liegt, ist ein idealer Ausgangspunkt für Wanderungen in die Leiser Berge.

Information

Gemeindeamt Fallbach
Tel. 02524/84 66
Gemeindeamt Gaubitsch
Tel. 02522/88 380

Marchfeld und die Schlösser

Das Marchfeld gilt als die Kornkammer Österreichs: Es ist eines der landwirtschaftlich am intensivsten genutzten Gebiete des Landes. Was das flache Gebiet zudem aber in besonderer Weise auszeichnet, sind seine sieben Schlösser. In der Nähe der Donau- und der Marchauen gelegen, war diese Gegend den Barockfürsten ideales Jagdgebiet. Allen voran Prinz Eugen, der von Karl VI. aus purer Dankbarkeit, die gequälten Österreicher von den Türken befreit zu haben, zuerst Obersiebenbrunn geschenkt bekam und der dann noch Schloßhof und Niederweiden kaufte. In seinem Schlepptau der Architekt des Jahrhunderts, Johann Lukas von Hildebrandt.

Schlosshof

Kunsthistoriker erstaunt immer noch, daß ein ehemaliger Feldherr und sein Festungsbauingenieur ein so leichtfüßiges Kunstwerk zustande bringen konnten, wie

Innenhof von Schloß Loosdorf

Schloßhof eines ist. Die Rede ist von Prinz Eugen von Savoyen und Johann Lukas von Hildebrandt. Das hochbarocke Schloß war früher mit dem stilistisch verwandten Gartenschlößchen Niederweiden durch eine lange Allee verbunden (beide Bauten gelangten später in den Besitz Maria Theresias). Überreich die prunkvoll ausgestatteten Zimmerfluchten – besonders sehenswert sind das Billardzimmer, die Sala Terrena sowie der Festsaal und die Privatgemächer des Prinzen Eugen im ersten Obergeschoß. An den Wänden hängen Canalettos, und die Schloßkapelle trägt mit ihrem stuckierten Kuppelfresko die Handschrift Carlo Carlones. Der Terrassengarten ist ein Zeugnis vollendeter barocker Gartenarchitektur.

Öffnungszeiten: Palmsonntag bis Allerheiligen von 10 bis 17 Uhr (oder gegen Voranmeldung);
Tel. 02285/65 80

Schloßhof

Niederweiden

In Engelhartstetten liegt dieses frühere Jagdschloß, das, trotzdem es so zierlich und klein ist, zu Niederösterreichs Barockjuwelen zählt. Auf den Trümmern einer „öden Veste" aus dem Jahr 1337 wurde es 1693/94 von Johann Bernhard Fischer von Erlach errichtet. Der Treppenaufgang, die sogenannte Jagdküche, die illusionistischen Wandmalereien und Chinoiserien sowie die weitläufige, ebenfalls aus dem Barock stammende Parkanlage sind eine Augenweide.

Öffnungszeiten: Palmsonntag bis Allerheiligen von 10 bis 17 Uhr (oder gegen Voranmeldung);
Tel. 02214/28 03

Stiegenaufgang im Schloß Eckartsau

Schloß Marchegg

Obersiebenbrunn

Prinz Eugen übertrug Umbau und Ausgestaltung Lukas von Hildebrandt, der inmitten des großzügigen barocken Parks 1728 einen leichtfüßig-grazilen Gartenpavillon mit Groteskmalereien aus dem Land- und Jagdleben geschaffen hat. Das Schloß kann nicht besichtigt werden, wohl aber der Pavillon im Park.

Eckartsau

Als letzter Aufenthaltsort Kaiser Karls, bevor er 1919 ins Exil ging, ist Schloß Eckartsau berühmt. Das von einem großen Park umgebene Jagdschloß, erstmals 1180 erwähnt, wurde nach Plänen von Joseph Emanuel Fischer von Erlach in Zusammenarbeit mit Lorenzo Mattielli und Daniel Gran errichtet. Bemerkenswert sind vor allem das „Corps de logis“ im Westtrakt sowie der barocke Festsaal mit Grans „Verherrlichung der Diana“ im Spiegelgewölbe.

Öffnungszeiten (Treffpunkt): 1. April bis 31. Oktober, jeweils an Samstagen, Sonn- und Feiertagen um 11 und 14 Uhr (nur mit Führung); oder gegen Voranmeldung; Tel. 02214/22 40 oder 02214/23 35-18

Marchegg

Wäre es nach König Ottokar II. gegangen, so wäre das 1268 in einem Mauergeviert angelegte Marchegg heute die Hauptstadt Niederösterreichs. Doch Ottokars geplante Stadtburg blieb ein Torso, auch wenn die fast quadratisch (720 x 860 m) angelegte Befestigungsmauer mit ihren drei Torbauten, zumindest teilweise, erhalten ist. Heute lockt das von Graf Pálffy im 17. Jahrhundert erbaute Barockschloß. 1959 wurde hier ein Jagdmuseum eingerichtet. Im Schloß befinden sich außerdem ein Afrika- und ein Heimatmuseum.

Für Industriearchäologen sind der

westlich der Stadt gelegene Salmhof, in dem sich seit über hundert Jahren eine Spiritusbrennerei befindet, sowie die auf dem Bahnhofsareal gelegene Remise aus dem Jahr 1847 interessant. ♛
Öffnungszeiten: 15. März bis 30. Oktober von 9 bis 12 und von 13 bis 17 Uhr;
Tel. 02285/82 24

Schloss Orth

Das vermutlich älteste der Marchfeldschlösser wurde schon um 1140 erbaut. Das mit seinen vier markanten Ecktürmen mitten in der Ortschaft gelegene Schloß war ursprünglich von einem Wassergraben umgeben und ist ähnlich wie die Wiener und die Wiener Neustädter Burg angelegt. Der im Kern mittelalterliche Bau wurde häufig verändert, im 18. Jahrhundert wurde das „Neuschloß" angebaut. Heute dient das Schloß als Unterkunft für vier gleichermaßen sehenswerte Museen: das Bienenzuchtmuseum, das Fischereimuseum, das Donaumuseum und ein Heimatmuseum. Bemerkenswert ist auch das Haus Orth Nr. 61, in dem noch eine alte Wagnerei und die dazugehörigen Werkstätten aus dem 19. Jahrhundert erhalten sind. ♛
Öffnungszeiten: 15. März bis 15. November Samstag, Sonn- und Feiertag von 9 bis 17, Dienstag bis Freitag von 9 bis 12 und von 13 bis 17 Uhr;
Tel. 02212/25 55

Schloss Sachsengang

Das letzte der „glorreichen sieben" Schlösser ist etwa zehn Kilometer westlich von Schloß Orth zu finden – und es stammt vermutlich aus derselben Zeit wie dieses. Was Sachsengang von den anderen unterscheidet, ist, daß es mehr den Charakter einer Burg denn jenen eines Schlosses hat. Heute befindet es sich in Privatbesitz und ist nicht zu besichtigen.

Tip für Geniesser

Nach dieser knochentrockenen Schlössertour haben Sie sich etwas besonders Gutes verdient: Das Uferhaus in Orth an der Donau ist eines der besten Fischrestaurants von hier bis Nebraska (siehe *4, Mini-Restaurant-Guide*).

Schloß Sachsengang

Mailberg

Traditionsreich und berühmt ist Mailberg, der nordöstlich von Hollabrunn gelegene ganz und gar im Zeichen des Malteserkreuzes stehende Weinbauort: Die Kommende Mailberg ist der älteste österreichische Besitz des Johanniter- oder Malteserordens. Das mittelalterliche Schloß, das von zahlreichen Renaissance- und Barockelementen bestimmt wird, ist heute auch der Sitz des berühmten Weinguts des Malteser Ritterordens. Die edlen Kreszenzen sind im Souvenirshop des

Schlosses, das auch besichtigt werden kann, erhältlich. Wer Wein verkosten will, kann dies auch in den Kellergassen tun, von denen Mailberg sogar über eine unter Denkmalschutz stehende verfügt.

Einkaufen

Im Schloß kann man – wie gesagt – Wein einkaufen; Auskunft erhält man unter der Tel. 02943/35 16.

Tip für Wissbegierige

Im Schloß Mailberg befindet sich eine aufschlußreiche Dokumentation der Geschichte des Malteser Ritterordens;
Tel. 02943/35 16

Information

Gemeindeamt Mailberg
Tel. 02943/22 53

Maissau

Die in einen Abhang des Manhartsberges gebaute und von einem romantisch-historistisch ausgebauten Schloß dominierte Stadt wurde urkundlich erstmals 1114 erwähnt und 1380 zur Stadt erhoben. Ihre Lage an der Kaiserstraße von Wien nach Prag ermöglichte Maissau gegen Ende des 18. Jahrhunderts seinen wirtschaftlichen Aufschwung. Maissauer Safran war früher ein begehrtes Handelsgut. Vor allem war Maissau auch ein Zentrum des Weinbaus. Neben seinem Grünen und Roten Veltliner war es auch für den heute fast unbekannten Braunen Veltliner berühmt.

Von der alten Stadtbefestigung sind heute nur noch Rudimente

wie das „Altes Rathaus“ genannte Znaimer Tor erhalten. Hilfreich bei einem kleinen Stadtrundgang sind übrigens die zehn Informationstafeln an den wichtigsten Gebäuden.
Und wer etwas für Heilkräuter übrig hat: Rund 180 verschiedene Arten kann man sich im Schaugarten an der Stadtmauer ansehen.
Eine gut erhaltene, von Weinbergen gesäumte Kellergasse sowie eine Reihe vorzüglicher Heuriger, von deren Gastgärten aus man noch dazu einen herrlichen Blick in das Hügelland des Weinviertels hat, sind überaus einladend.

Ausflugstips

Der Waldlehrpfad Schloßwald nimmt rund eine Stunde in Anspruch und ist mit Kindern ein lohnenswerter Ausflug.
In Oberdürnbach – einem hübschen Dorf mit einer Kellergasse nördlich von Maissau – steht neben der Kirche die alte Schule, die einst dem Komponisten Gottfried von Einem als Wohnhaus diente. Man kann es jederzeit gegen Voranmeldung besichtigen; Tel. 02958/82 706

Maissau

Sport- und Freizeittip

Im Winter gibt es um Maissau sehr schön angelegte Langlaufloipen.

Einkaufen

Die Weine der Region Manhartsberg kann man in der örtlichen Vinothek „Alte Schmiede“ – die auch ein gutes Gasthaus birgt – verkosten und erwerben; Tel. 02958/82 237

Tip für Geniesser

Konditorei und Lebzelterei Schmid; Tel. 02958/82 249

Information

Gemeindeamt Maissau
Tel. 02958/82 271 oder
E-Mail: maissau@aon.at

Maria Roggendorf

Eine merkwürdige kleine Legende – sie stammt aus dem 15. Jahrhundert – begründete die Wallfahrtstradition von Maria Roggendorf: Ein Kind wurde geboren und war von schwarzer Hautfarbe. Als man es vor das Gnadenbild brachte, wurde es weiß. Aus Dankbarkeit für diese wundersame „Verfärbung" wurde eine Kapelle errichtet, die im 16. Jahrhundert dem Ansturm der Prozessionen nicht mehr gewachsen war. Die Wallfahrtskirche wurde 1651–1653 erbaut und 1696 durch Carlo Antonio Carlone erneuert.

Berühmt wurde Maria Roggendorf nicht zuletzt durch Hans Hermann Groër, der, bevor er Erzbischof von Wien wurde, Wallfahrtsdirektor des Orts war und der sich in seinem Ruhestand wieder hierher zurückgezogen hat.

INFORMATION

Wallfahrtsdirektion Maria Roggendorf; Tel. 02953/25 89-12

Matzen

Die Marktgemeinde ist zunächst aus weinhistorischen Gründen interessant: Schon vor 1842 wurden hier nachweislich Weine ausgefroren und Eisweine erzielt. Wie sehr der Wein zum Reichtum der Ortschaft beitrug, läßt sich auch daran ermessen, daß die aus dem 18. Jahrhundert stammenden Herrschaftskeller so groß waren, daß man sie mit Fahrzeugen befahren konnte. Im Zentrum des Weinbaus stand das im Kern aus dem 12. Jahrhundert stammende Schloß Matzen, das mehrmals umgebaut wurde und heute einen romantisch-historisierenden Eindruck vermittelt.

Zum anderen ist Matzen berühmt für sein Erdöl, gilt das Feld Matzen doch als ergiebigste Erdölquelle Mitteleuropas.

Einkaufen

Nachdem die hl. Barbara auch die Schutzpatronin der Geologen und Erdölarbeiter ist, wird hier Barbarawein gekeltert – und zwar als Spätlese am 4. Dezember. Zu beziehen ist er bei Familie Killmeyer in Raggendorf, ein Stück westlich von Matzen;
Tel. 02289/24 03
Einkaufen kann man aber auch in der Vinothek im Weinmarkt, der ganzjährig von Mittwoch bis Sonntag und an Feiertagen jeweils von 15 bis 20 Uhr geöffnet ist.

Ausflugstip

Der Matzner Wald ist der größte geschlossene Eichenwald Mitteleuropas. Zahlreiche Rundwanderwege in unterschiedlichen Längen laden zu Spaziergängen ein – so auch der Waldlehrpfad. Am Karpatenblick hat man einen herrlichen Rundblick bis zu den Karpaten und über den Wienerwald bis zum Schneeberg. Im Zuge dieser Wanderungen kann man sich auch auf historische Spuren begeben: Der Name der Königshutallee bezieht sich auf die Legende, daß hier der Böhmenkönig Ottokar am Weg nach Jedenspeigen seinen Hut verloren hätte. Und das Bombenfeld – heute eine landwirtschaftlich genutzte Fläche – wurde am Ende des Zweiten Weltkriegs dazu benützt, Bomben zur Detonation zu bringen und sie damit zu vernichten. Asphaltierte Feldwege sind ideal für ausgedehnte Radtouren.

Tip für Unternehmungslustige

Die Matzner Sommerspiele bieten Freiluft-Theateraufführungen im Schulhof; in der Veranstaltungshalle Optimum finden übers Jahr allerlei Konzerte, Bälle und anderes mehr statt, und den Körberlkirtag gibt es alle zwei Jahre Mitte September (im Jahr 2000 wird der nächste veranstaltet).

Information

Gemeindeamt Matzen
Tel. 02289/22 73

Michelstetten

Ein Paradies für Großstadtmüde ist das mitten im Naturpark Leiser Berge zwischen Galgenberg (325 Meter) und Steinmandl (467 Meter) gelegene Michelstetten.
Es wird höchst malerisch von der frühmittelalterlichen Veitskirche,

Schulmuseum in Michelstetten

einem der ältesten Gotteshäuser des Weinviertels, dominiert. Die spätromanische Wehrkirche entstand auf den Resten einer vermutlich schon vor 907 bestehenden karolingischen Turmburg. Der frühgotische Chorturm konnte nur mit Hilfe einer Leiter bestiegen werden. Über dem Langhausgewölbe befindet sich ein Wehrgeschoß mit zwei Schießscharten, das in Friedenszeiten auch als Pilgerherberge diente. In Michelstetten, das früher für seine in Hausindustrie hergestellten Tragtaschen und Matten bekannt war, findet der Kulturpfadfinder darüber hinaus die Ruine eines Wasserschlosses aus der Renaissance, eine nördlich der Kirche gelegene alte Mühle aus dem 18. Jahrhundert sowie das in der alten Volksschule eingerichtete Niederösterreichische Schulmuseum.

Ausflugstip

An der Nordseite des nahen Steinmandlbergs befindet sich das sogenannte „Katzenloch“, eine Höhle, in welcher der Sage nach ein Schatz aus der Zeit Kaiser Rudolfs II. vergraben liegen soll.

Tip für Wissbegierige

Das Niederösterreichische Schulmuseum ist zwischen 1. Mai und 31. Oktober geöffnet, und zwar am Samstag von 13 bis 17 Uhr, an Sonn- und Feiertagen von 10 bis 17 Uhr; Gruppen können nach Voranmeldung mehr oder weniger jederzeit ins Museum;
Tel. 02577/82 40

Rathaus in Mistelbach

INFORMATION
Gemeindeamt Asparn an der Zaya; Tel. 02577/82 40

Mistelbach

Die Geschichte der am 5. Juni 1874 zur Stadt erhobenen Siedlung verlief aufgrund seiner geographischen Lage äußerst abwechslungsreich. So schlugen hier beispielsweise 1627 Wallenstein und 1644 Max Piccolomini ihre Heerlager auf. Von der ehemaligen, aus dem 13. Jahrhundert stammenden Mistelbacher Burg sind heute jedoch nur noch Reste einer ringförmigen Wallanlage erhalten.

Heute ist Mistelbach Bezirkshauptstadt, Schul- sowie Einkaufsstadt und gilt als das kulturelle Zentrum des östlichen Weinviertels. So besitzt Mistelbach mit dem Stadtsaal seit 1989 ein großes und wichtiges Veranstaltungszentrum, das für Konzerte, Vorträge und Bälle ebenso maßgeschneidert ist wie für Messen oder Kongresse. Hier befindet sich auch die umfangreiche Stadtbibliothek. Und abgesehen vom Gesundheitszentrum und vom modern ausgestatteten Krankenhaus bietet Mistelbach eines der renommiertesten Rheumazentren Österreichs.

Doch zu sehen gibt es auch einige architektonische Zeugen vergangener Jahrhunderte: Als einer der schönsten Sakralbauten des Weinviertels überragt die spätgotische Hallenkirche auf einem Plateauberg weithin sichtbar die Stadt. Neben der Kirche kann man sich einen romanischen Karner aus dem 12. Jahrhundert ansehen. Nicht weniger interessant als die Kirche ist der Pfarrhof in der ehemaligen Barnabitenpropstei am Marienplatz, dessen bedeutendster Trakt wohl die Bibliothek im Obergeschoß mit dem Deckenfresko von F. A. Maulbertsch ist.

Aber neben all den aufgezählten kulturhistorischen Besonderheiten ist die alte Weinbautradition unübersehbar: Im Keller des sogenannten Barockschlößls, das als Ort vielfältiger kultureller Veranstaltungen genutzt wird und in dem eine Vinothek eingerichtet ist, steht zum Beispiel eine sehenswerte barocke, geschnitzte Weinpresse mit Bacchus- und Heraklesskulpturen sowie Nymphenreliefs. In der Stadt hat sich auch mancherlei Weinbrauchtum er-

halten: So findet jedes zweite Jahr im August der traditionelle Hauerkirtag statt, bei dem die geschmückte Hauerlade feierlich vom alten an den neuen Zechmeister übergeben wird.

Tips für Unternehmungslustige

Die internationalen Puppentheatertage finden jährlich im Oktober statt. Rund hundert Theateraufführungen mit Marionetten, Handpuppen und vielem mehr gibt es hier zu sehen.

„Sommer im Park" ist ein großes kulturelles und kulinarisches Festival, das Mitte Juni beginnt und bis Ende August dauert. Live-Veranstaltungen – von Volksmusik über Rock, Soul, Pop bis zu Country Music – finden dabei jeweils freitags und samstags statt. Eine ganze Reihe von Restaurants und Cafés beteiligt sich an dem Festival und bietet Kulinarisches aus aller Herren Länder an – womit der Park zum größten Schanigarten des Weinviertels wird.

Ausflugstip

Nördlich von Mistelbach, etwa auf halber Strecke in Richtung Staatz, liegt Hörersdorf, das weithin wegen des nördlich des Dorfes gelegenen „Wamperten", eines römischen Wegkreuzes, bekannt ist. Um diesen bemerkenswerten Bildstock mit dem sonderbaren Namen ranken sich allerlei Legenden – so etwa jene, daß darin ein Verbrecher eingemauert worden sei.

Einkaufen

Jeden ersten und dritten Freitag

im Monat findet auf dem Mistelbacher Hauptplatz ein Bauernmarkt statt.
Wer Wein einkaufen möchte, kann wählen: Unter anderem gibt es eine gut sortierte und vor allem namhafte Vinothek im rund sechs Kilometer nördlich von Mistelbach liegenden Siebenhirten: Weinviertel Vinothek,
Josef Gmeiner;
Tel. 02572/20 674
Zum anderen jene des Restaurants Zur Linde gleich gegenüber des Bahnhof: Familie Polak;
Tel. 02572/24 09-0

Sport- und Freizeittip

Wer geführte Wanderungen mag: Während des Weinviertler Weinherbsts werden Weinberg-Wanderungen und Kutschenfahrten angeboten. Auskunft gibt es unter Tel. 0676/51 83 084
oder unter der E-Mail-Adresse weinherbst@noe.co.at

Tip für Geniesser

Gasthof Zur Linde (siehe 4, *Mini-Restaurant-Guide*)

Information

Tourismusinformation Mistelbach
Tel. 02572/25 15-248

Mitterretzbach

In dem kleinen Dörfchen Mitterretzbach nördlich von Retz findet man, fast schon an der Grenze zu Tschechien, einen der schönsten Schalensteine 🐾 Österreichs. Sein Geheimnis ist ebensowenig gelüftet wie jenes vieler anderer Steine seiner Art, die man vor allem im benachbarten Waldviertel findet. Die zahlreichen, offensichtlich künstlich in den Fels gehauenen Dellen lassen sich auf unterschiedliche Weise interpretieren und können für einen „steinernen Kalender" ebenso gehalten werden wie für „Blutopferschalen". Daß sich viele solcher Schalensteine in unmittelbarer Nähe von Wallfahrtskirchen befinden, kann jedenfalls als Zeichen dafür gedeutet werden, daß sie auch kultische Verehrung genossen.
An der Straße nach Niederfladnitz trifft man auf eine Kellergasse, die wie ein Bachbett zwischen den darüberliegenden Wohnhäusern verläuft, welche durch Brücken miteinander verbunden sind.

Information

Gemeindeamt Unterretzbach
Tel. 02942/25 13-0

Erdölförderung bei Neusiedl an der Zaya

Neusiedl an der Zaya

Hier in Neusiedl betritt man einen Boden, auf dem schon richtige Pioniere gewandelt sind: Seit in den dreißiger Jahren erste umfassende Erdölfunde gemacht wurden, hat man nicht aufgehört zu bohren – und wurde belohnt. Heute erinnert das Feld bei Neusiedl mit seinen 49 Bohrtürmen – denn im Unterschied zu den meisten anderen Erdölfeldern des Weinviertels wird hier das Schwarze Gold nicht mit den nickenden „Pferdekopfpumpen“ zutage gefördert – an den Film „Giganten“: Ein flaches Land mit Reichtum versprechenden Stahlgerüsten. Einen durchaus beeindruckenden Überblick über dieses kann man sich übrigens vom Hausberg von St. Ulrich verschaffen.
Aber Neusiedl hat noch viel mehr zu bieten: Es ist auch ein Winzerdorf und hat verzweigte Kellergassen mit schönen, großen Preßhäusern.

Tip für Wissbegierige

Im Erholungszentrum an der Bahnstraße wurde ein kleines Erdölmuseum eingerichtet, das die Geschichte der Ölförderung im gesamten Raum dokumentiert. Besichtigen kann man es allerdings nur nach Voranmeldung beim Gemeindeamt;
Tel. 02533/89 255

Sport- und Freizeittips

Östlich von Neusiedl liegt der Steinberg mit 318 Metern Seehöhe mitten im Landschaftsschutzgebiet Steinbergwald: Ein geschlossenes Waldgebiet, das den Rest ursprünglich riesiger Eichenwalder darstellt.
Sommers und winters lockt das große Bad: Freibad, Hallenbad, Sauna und Solarien sind gut für Wasserratten und für jene, die sich entspannen wollen.
Für besonders kräftige Drahtesel-Ritter: Neusiedl liegt an der neuen internationalen Radroute Eurovelo 9.

INFORMATION

Gemeindeamt Neusiedl an der Zaya; Tel. 02533/89 255

Niederhollabrunn

Am Rande des Rohrwalds – wohin man hübsche Ausflüge machen und wo man sogar zwei Berge besteigen kann, und zwar den Waschberg mit 388 Metern und den Michelberg mit fast schon schwindelnden 409 Metern – liegt der kleine Ort Niederhollabrunn. Auch hier – so wie im Nachbardorf Niederfellabrunn, das übrigens auch eine Kellergasse hat – erhebt sich ein mächtiger Grabhügel aus der Hallstattzeit, dessen im 19. Jahrhundert gehobene Funde aber leider verschollen sind. Die weithin sichtbare, barocke Pfarrkirche zum hl. Laurentius wurde 1718 nach Entwürfen des Passauer Hofbaumeisters Domenico d'Angeli errichtet.

SPORT- UND FREIZEITTIP

Wenn Sie den Michelberg erklimmen wollen, so können Sie sich am Gipfel in einem Gasthaus laben. Dieses hat allerdings nur an Wochenenden mit Schönwetter geöffnet; Tel. 02266/62 839

Schloß Niederleis

INFORMATION

Gemeindeamt Niederhollabrunn
Tel. 02269/22 24 oder 22 31

Niederkreuzstetten

Nördlich des Kreuttals liegt der kleine Ort Niederkreuzstetten, an dessen Nordende sich ein Park samt ehemaligem Wasserschloß befindet, dessen älteste Teile aus dem 16. Jahrhundert stammen. In reizvollem Gegensatz zur anmutigen Architektur steht der relativ schmucklose Bergfried. Sehenswert ist auch die Jakobskirche mit dem gotischen Chor am Ostrand des Ortes. Und wenn man durch den Ort spaziert, trifft man da und dort noch auf regelrechte Sommerfrische-Villen mit dekorativen Jugendstilelementen.
Übrigens: Kreuzstetten wurde nicht erst einmal für seine Landschaftsgestaltung ausgezeichnet!

TIP FÜR WISSBEGIERIGE

Auf dem Steinberg wurde ein bronzezeitliches Hockergrab gefunden.

INFORMATION

Gemeindeamt Kreuzstetten
Tel. 02263/84 72

Niederleis

Reizvoll im Gebiet des Naturparks Leiser Berge gelegen, lockt der Ort mit landschaftlicher Schönheit und mit einem Renaissanceschloß, das zu jenen – leider nur wenigen – Schlössern der Region zählt, die auch der Öffentlichkeit zugänglich sind. In diesem „Märchenschloß“ ♛ kann sich der Besucher anhand von altem Mobiliar, Kachelöfen, Gobelins und Plastiken ein authentisches Bild vom Glanz früherer Jahrhunderte machen. Im Schloßpark sind noch Reste des um 1800 angelegten englischen Gartens mit Brücken- und Grottenlandschaft zu erkennen.

Die Geschichte des Ortes Niederleis wird in einem kleinen Heimatmuseum dokumentiert.

KULTURTIP

Im Schloß finden jedes Jahr Konzerte statt. Über das Programm gibt die Gutsverwaltung Auskunft – und hier kann man sich auch für eine Schloßbesichtigung anmelden; ♛
Tel. 02526/23 66

AUSFLUGSTIPS

Am Oberleiserberg mit 457 Metern 📷 gibt es eine Aussichtswarte, eine Liegewiese und einen Rundweg um die Hochfläche. Die jungsteinzeitliche Besiedlung des Oberleiserbergs, der Festungsberg aus der La-Tène-Zeit sowie die Reste einer spätrömischen Anlage sind in einem „Historischen Schauraum“ dokumentiert, der sich in der Aussichtswarte neben den Ausgrabungen befindet. Außerdem sehenswert ist die auf einen romanischen Saalbau zurückgehende Pfarr- und Wallfahrtskirche am Abhang des Oberleiserbergs.

Und am Buschberg – er ist mit 492 Metern die höchste Erhebung des Weinviertels – hat man einen fast alpinen Eindruck, zumal sich hier neben der Flugleitstelle für Schwechat die Buschberghütte des Alpenvereins befindet.

INFORMATION

Gemeindeamt Niederleis
Tel. 02576/23 05

Niedersulz

Weit über seine Grenzen hinaus berühmt wurde das Weinviertler Museumsdorf in Niedersulz: Auf mustergültige Weise wurden hier seit 1976 unter der Leitung von Josef Geissler gefährdete regionaltypische Bauten vom Gehöft über die Kapelle bis zum Taubenkobel im ganzen Weinviertel abgetragen und unter penibler Wahrung der Originalität neu errichtet. Und genau das macht auch den Reiz dieses größten Freilichtmuseums Niederösterreichs aus: keine mehr oder weniger zusammengewürfelten Zufälligkeiten, sondern ein homogenes Ensemble aus Bauten samt authentischen Interieurs, Höfen und Geräten, die nicht nur zusammenpassen, sondern zusammengehören.

Der sogenannte „Südmährische Hof" ist ebenfalls ein rekonstruiertes Bauernhaus mit allen Nebenräumen und birgt auch ein „Südmährisches Heimatmuseum" mit einer Dokumentation der Vertreibung der deutschsprachigen Bevölkerung aus der ehemaligen CSSR im Jahre 1945.

Seit 1999 gibt es den „Hof aus Prottes", einen „lebenden Bau-

Museumsdorf in Niedersulz

ernhof“ mit Tieren, Kutschenfahrten und der Möglichkeit zum Brotbacken in der eingerichteten Küche.

Das Museumsdorf ist vom Palmsonntag bis Allerheiligen Montag bis Freitag von 10 bis 16 Uhr, Samstag, Sonn- und Feiertag von 10 bis 18 Uhr (an diesen Tagen gibt es jeweils um 15 Uhr eine Führung durch das Museumsdorf) geöffnet; Tel. 02534/333

Einkaufen

Im Museumsdorf ist auch eine gute Vinothek untergebracht, und zwar im Preßhaus einer typischen Kellergasse. Hier kann man vor dem Kauf auch Wein verkosten. Und zu den Wochenenden ist auch ein Dorfmarkt eingerichtet, auf dem man allerlei bäuerliche Produkte einkaufen kann.

Geöffnet von Ostern bis Allerheiligen, Samstag, Sonn- und Feiertag von 11.30 bis 18 Uhr; Gruppen sind gegen Voranmeldung jederzeit willkommen.

Ausflugstip

Die Pfarrkirche St. Martin in Obersulz aus dem 17. Jahrhundert ist ein Barockjuwel der Sonderklasse.

Tip für Ruhesuchende

Die Teichwirtschaft Gut Nexing bietet insgesamt vierzehn Teiche, deren Besatz buchstäblich von A (wie Amur) bis Z (wie Zander) reicht. Information bei Familie Urani; Tel 02534/305

Tip für Geniesser

Sie müssen den Fisch nicht selbst angeln, um welchen auf den Teller zu bekommen: Im Gasthaus zum Karpfenteich bekommt man ihn fix und fertig und köstlich zubereitet serviert. Ruhetage sind

Montag und Dienstag, für größere Gruppen öffnet Familie Gehringer jedoch auch an diesen Tagen ihre Pforten; Tel. 02534/720

Paasdorf

Das Angerdorf an einem Seitenarm des Taschlbaches zwischen Ladendorf und Mistelbach vereint Sehenswürdiges aus der Hoch- und aus der Volkskultur. Vor allem das von Bartholomeo Altomonte 1770 geschaffene Altarblatt in der gotischen, 1663 barockisierten Ägydiuskirche ist interessant.

Von hohem kulturgeschichtlichem Interesse ist auch die handgeschriebene Ortschronik, welche die Familie Seltenhammer bereits seit dem Jahre 1706 führt.

Was aber Paasdorf besonders bemerkenswert macht, ist das Projekt Kulturlandschaft Paasdorf: Künstler, Ökologen, Landschaftsplaner und Landwirte haben hier unter der Federführung des Bürgermeisters und des Kulturstadtrats auf ungewöhnliche Weise ein etwa 500 Hektar großes Stück Weinviertler Landschaft durch Bepflanzung und Kunstobjekte gestaltet.

INFORMATION
Tourismusinformation Mistelbach
Tel. 02572/25 15-248

Pillichsdorf

Schon von weitem sieht man – wenn man nach Pillichsdorf an den Ausläufern des Hochleithenwalds kommt – den auf einem „Mugl" errichteten Kalvarienberg mit einer Kreuzigungsgruppe aus dem vorigen Jahrhundert. Keinesfalls versäumen sollte man den Ort aber wegen seiner freistehenden, im Kern romanischen Martinskirche, zu deren barocker Ausstattung auch eine Darstellung der hl. Barbara von Martin Johann Schmidt im südlichen Seitenschiff zählt. Der mächtige, spätgotische Kirchturm birgt übrigens eine sehenswerte heimatkundliche und archäologische Sammlung, die als „Turmmuseum" auch öffentlich zugänglich ist.

Und wer von sakraler Kunsthistorie genug hat, sei in das verzweigte und bestens erhaltene Kellergassennetz verwiesen – ein beliebter Weinort, in dem auch jeden Frühling ein großes Kellergassenfest stattfindet.

Ausflugstip

Ein Reitzentrum von wahrhaft riesigen Ausmaßen ist der Reuhof: Hier kann man – unter vielem anderen – zu reiten lernen wie ein Cowboy!

Tel. 02245/30 33

Information

Gemeindeamt Pillichsdorf

Tel. 02245/24 21

Poysbrunn

Steil zum Poysbrunner Renaissanceschloß hinauf verläuft eine besonders idyllisch gelegene Kellergasse. Sehenswert in diesem zwischen Falkenstein und Herrnbaumgarten gelegenen Weinhauerort ist auch die gotische Dorotheenkirche, die zwischen 1359 und 1361 errichtet und 1669 barockisiert wurde.

Kommunikationszentrum des Dorfes ist der Dorfplatz, der – samt dem Dorfbrunnen – im Zuge umfassender Erneuerungsarbeiten im Ort ebenfalls liebevoll renoviert wurde.

Information

Gemeindeamt Poysdorf

Tel. 02552/22 00-0

Poysdorf

Es ist wahrscheinlich *die* Weingemeinde des Weinviertels – und sie ist nicht zuletzt wegen ihres berühmten Weins mit dem komischen Namen berühmt geworden, dem „Poysdorfer Saurüssel". Dieser ist übrigens nicht nur ein geschützter Markenname für einen Grünen Veltliner, es gibt auch eine Riede namens Saurüssel.

Der Weinbau hat hier eine lange Tradition: Bereits 1334 ist die Riede Hermannschachern nachgewiesen. Damals vererbte ein um sein Seelenheil besorgter Bürger sein Weingut der Pfarre Poysdorf – „zum Seelentrost", was soviel bedeutete, als daß er sich von dieser Schenkung gewisse Vorteile im Jenseits erhoffte. Heute führt auf diese Riede der Weinlehrpfad, der alle, die ihn begehen, mit einem wunderschönen Blick über den Ort belohnt.

Die 1582 zum Markt und 1923 zur Stadt erhobene Weingemeinde verfügte auch bereits sehr früh über ein eigenes Bergtaiding, ein Berggericht also, das alle weinhauerischen Belange regelte.

Die Siedlung selbst ist jedoch

schon viel älter, was durch Funde aus dem Neolithikum und der Bronzezeit bestätigt wird. Poysdorf zählt übrigens – wie Mistelbach – zu jenen Orten, die der Minnesänger Ulrich von Liechtenstein während seiner berühmten Venusfahrt aufgesucht hat.

Durchaus sehenswert ist die von Kellervierteln umringte, frühbarocke Stadtpfarrkirche sowie die alte Frosch- oder Vogelsangmühle am Ortsende in der Laaerstraße: ein im italienischen Stil errichtetes Mühlengebäude, das bis in die Nachkriegszeit in Verwendung war, aber eher an ein Schloß als an eine Mühle erinnert.

Aus architektonischer Sicht bemerkenswert ist das ehemalige Bürgerspital, in dem sich heute das Stadtmuseum mit einer umfangreichen volks- und weinkundlichen Sammlung befindet. Der angeschlossene einstige Friedhof wurde als Freilichtmuseum ausgebaut und zeigt unter anderem die älteste befestigte Verteidigungsschanze Mitteleuropas.

Einkaufen

Im Reichensteinhof wurde ein Wein- und Bauernmarkt eingerichtet, in dem man über 180 Weine sowie rustikale Spezialitäten der Region – Speck, Würste, Obst, Gemüse und Honig – einkaufen kann. Der Weinmarkt ist ganzjährig Montag bis Donnerstag von 8 bis 17 Uhr, Freitag von 8 bis 18 Uhr und Samstag, Sonn- und Feiertag von 10 bis 12 und von 13 bis 18 Uhr geöffnet.

Der Bauernmarkt hält seine Pforten von Mitte März bis Mitte Dezember jeweils samstags von 8 bis 12 und von 14 bis 18 Uhr, am Sonntag von 10 bis 12 und von

Kellergasse in Poysdorf

14 bis 18 Uhr geöffnet. Informationen: Weinmarkt Poysdorf; Tel. 02552/20 371, Fax 37 15

Tip für Unternehmungslustige

Im April findet jährlich die ausgelassene Weinwoche statt.

Sport- und Freizeittip

Sechzig Kilometer markierte Wanderwege und vierzig Kilometer markierte Radwege rund um Poysdorf lassen keinen Wunsch zur Konditionsförderung offen.

Information

Gemeindeamt Poysdorf
Tel. 02552/22 00-0

Prinzendorf

Wahrscheinlich läßt sich mit Fug und Recht behaupten, daß hier vom berühmtesten Ort des Weinviertels die Rede ist – und zwar international betrachtet. Grund dafür ist der Besitzer von Schloß Prinzendorf, Hermann Nitsch, renommierter Aktionskünstler, Komponist und Maler. Mag man sich sonst manchmal verirren, hierher finden sie alle, die Galeristen und die Sammler aus aller Herren Länder, wenn sie zu Nitschs traditionellem und sehr schönem Pfingstfest eingeladen sind oder – so wie zum Beispiel 1998, als das 6-Tage-Spiel stattfand – eine Aktion des Orgien Mysterien Theaters aufgeführt wird.

Auf vollkommen andere Art und Weise hat sich der sogenannte „Erdäpfelpfarrer“ Johann Eberhard Jungblut um den Ort verdient gemacht, als er im Jahre 1761 aus Luxemburg (gemeinsam mit den Klosterbrüdern von Stift Seitenstetten) die ersten Erdäpfel nach Österreich brachte. Anfangs klagte der aus Holland gebürtige Geistliche zwar, daß in Prinzendorf „nicht einmal die Hunde seine Erdäpfel fressen“ wollten, mit der Zeit wußten seine Pfarrkinder die nahrhaften Knollen jedoch um so mehr zu schätzen und setzten dem Erdäpfelpfarrer am Ortsfriedhof auch ein entsprechendes Epitaph: „Ihm, dem Pflanzer jener Knollen,/Die in großer Not sich so bewährt,/Will die Nachwelt ihren Dank hier zollen,/Wenn sie seine Ruhestätte ehrt./Heb ab, Wanderer, dankbar deinen Hut,/Hier liegt Johann Eberhard Jungblut.“

Franz Engl, der heutige Prinzen-

dorfer Pfarrer, hat aus Prinzendorf eine „Erdäpfelstadt am Ende der Welt“ gemacht und finanziert mit den Einkünften seiner Marketingbemühungen den einzigen subventionsfrei geführten Kindergarten Niederösterreichs.

In der Pfarrkirche werden an Festtagen sogar die Heiligenstatuen mit Erdäpfeln geschmückt. Und mittlerweile gibt es auch einen Jungblut-Wandertag, einen Erdäpfellehrpfad, eine auf dem Erdäpfelkirtag gewählte Erdäpfelkönigin, ein Erdäpfelwettklauben und sogar einen eigens für Prinzendorf komponierten Erdäpfelwalzer.

Ausflugstip

Die Regieanweisungen in Nitschs Partituren zu seinen Aktionen können auch als heißer Tip für Spaziergänger gelten: Unter dem Titel „Abenddämmerung“ beispielsweise heißt es: „viele weinkeller der kellergasse von prinzendorf und der umgebung sind offen. wein wird überall ausgeschenkt. die spielteilnehmer gehen in der dämmerung von weinkeller zu weinkeller.“

Tip für Wissensdurstige

Einen Querschnitt durch die Geschichte der Prinzendorfer Landwirtschaft vermittelt das „Landwirtschaftliche Museum“ – kurz „Erdäpfelmuseum“ genannt – im Alten Pfarrhof aus den Jahren 1762/63.

Gegen Voranmeldung kann man es jederzeit besichtigen;
Tel. 02533/89 476

Information

Gemeindeamt Hauskirchen
Tel. 02533/85 20

Links: Schloß Prinzendorf
Rechts: Hermann Nitsch mit Freunden

Prottes

Ein einzigartiges Freilichtmuseum hat in Prottes – nördlich von Gänserndorf an der Grenze zum Marchfeld gelegen – seine Heimat: Der Erdöl-Erdgas-Lehrpfad, der mitten durch die Weinberge führt. Hier kann man sich ausgiebig und umfassend über die tief in der Erde verborgenen Schätze informieren.
Daß der Ort außerdem an der Weinstraße „Matzner Hügel" liegt, macht ihn auch für Radfahrer und Spaziergänger attraktiv: Ein gut beschilderter Radweg führt ins Weinviertel und in die andere Richtung ins Marchfeld.
Sehr schöne Spazierwege führen zu dem in den Weinbergen gelegenen Barbarakreuz, das aus Teilen eines Förderturms errichtet wurde, zum sogenannten Karpatenblick und zum Schneiderkreuz. Auch der Kindlwald, der überaus idyllisch liegt, ist einen Ausflug wert.
Die romanisch-gotische Pfarrkirche Mariae Himmelfahrt hat einige interessante Anleihen in der Melker Stiftskirche genommen und von dort zwei Altarblätter von Johann Michael Rottmayr

aus den Jahren 1728–1730 „importiert".
Wer die Gegenwart eher bevorzugt, findet in der Sporthalle Prottes nicht nur ein Großveranstaltungszentrum, sondern auch ein gutbürgerliches Restaurant.

Information
Gemeindeamt Prottes
Tel. 02282/21 82

Pulkau

Schon das Wappen zeigt, womit man es hier zu tun hat: Es wird von zwei Weinkrügen geziert. Die Weinstadt im Bezirk Hollabrunn ist der Hauptort des Pulkautales und war schon in der frühen Bronze- und Hallstattzeit besiedelt. Urkundlich erstmals 1055 erwähnt, wurde die Siedlung 1308 zum Markt erhoben, und in den Jahren 1310–1314 errichtete man zu Verteidigungszwecken auf einer Hausberganlage eine „Alte Feste Pulkau".
Einer der Tiefpunkte Pulkauer Geschichte ist ein Pogrom, das 1338 stattgefunden hat, im Zuge dessen die Juden von Pulkau, Retz, Znaim, Horn, Neuburg und Zwettl ermordet wurden.

Einer der Höhepunkte der Pulkauer Ortsgeschichte hingegen war der Besuch Kaiser Karls VI.: Die Bürgerfamilien einer ganzen Häuserzeile zogen, um auf den Monarchen einen guten Eindruck zu machen, in die Erdgeschosse ihrer Häuser und durchbrachen in den oberen Stockwerken sämtliche Feuermauern, so daß eine weitläufige Zimmerflucht entstand.

Das bedeutendste Kunstwerk der Stadt befindet sich nicht in der im Kern romanischen Pfarrkirche Hl. Michael, sondern in der Heiligenblutkirche am Rathausplatz: Der Flügelaltar des Meisters von Pulkau (vermutlich Niclas Preu), der 1958 auch bei der Weltausstellung in Brüssel gezeigt wurde, stammt aus den Jahren 1515/25 und gilt als Hauptwerk der österreichischen Donauschule. Sehenswert sind auch der spätromanische Karner aus dem 13. Jahrhundert, das Rathaus aus dem Jahre 1659 sowie der „Rote Hof“, ein 1580 entstandenes Renaissancehaus in der Eggenburgergasse.

Von kulturhistorischem Interesse sind auch einige ehemalige Mühlen sowie eine Hammerschmiede aus dem 18. Jahrhundert am

Oberlauf der Pulkau. Die Gegend rund um Pulkau ist zudem für ihre zahlreichen alten Bildstöcke berühmt.

Ausflugstip

Zum Bründl, einer Wallfahrtskapelle, führt vom Pulkauer Hauptplatz aus ein Weg mit gelber Markierung; auf diesem Weg gelangt man im übrigen auch zur Ruine Neudegg.

Information

Stadtamt Pulkau
Tel. 02946/22 76

Rabensburg

Die an der Thaya gelegene Marktgemeinde im Bezirk Mistelbach hat eine recht wechselhafte Geschichte hinter sich. Die Kuenringer gründeten hier bereits im

Heiligenblutkirche in Pulkau

Jahre 1230 eine Feste, deren romanischer Kern erhalten ist und die machtvoll über der Thaya thront.
Daß Rabensburg vor allem zur Zeit der Türkenkriege ständigen Grenzkämpfen ausgesetzt war, läßt sich nicht zuletzt an der Tatsache ermessen, daß das Hochzeitsbuch der Pfarre damals jahrzehntelang nur Witwentrauungen verzeichnete. Neuer wirtschaftlicher Schwung kam erst nach Rabensburg, als die Pfarrchronik am 22. Mai 1839 zu berichten wußte, daß nunmehr „das Lokomotiv oder die Dunstmaschine" angekommen sei.
Sehenswert in diesem romantisch gelegenen Ort sind mehrere hallstattzeitliche Tumuli an der Straße nach Bernhardsthal. Die mittelalterliche Schloßanlage – einst von den Liechtensteins erworben, heute in Privatbesitz – ist leider dem Verfall preisgegeben.

ERHOLUNGSTIP
Die Thayaauen sind nah!

INFORMATION
Gemeindeamt Rabensburg
Tel. 02535/24 00

Raggendorf

Berühmtheit – zumindest unter Weinbauern – erlangte der Ort vor allem durch seine Rebveredelungsbetriebe, mit Hilfe derer man der Reblauskatastrophe des Jahres 1894 beizukommen suchte. Hier wurde damals ein eigener Schnittweingarten geschaffen, wo Weinbauern das Rebveredeln lernen konnten. Um die Qualität zu wahren, durften am Tag jedoch nicht mehr als vierhundert Reben veredelt werden.

INFORMATION
Gemeindeamt Matzen
Tel. 02289/22 73

Retz

Ob es nun das Wahrzeichen der Stadt ist, die Windmühle nämlich, oder der wunderschöne Hauptplatz, das fruchtbar-saftige Umland oder ob Sie immer schon einmal einen Brunnen sehen wollten, der Wein spendet – diese Stadt ist eine Reise wert. Retz ist so hübsch, daß es inzwischen sogar die höheren touristischen Weihen in Form einer Fernsehserie des ORF erhalten hat.

Sgraffitohaus in Retz

Die Weinstadt an der Grenze zur Slowakei liegt im Norden des Weinviertels an den Ostabhängen der nördlichen Ausläufer des Manhartsberges. Wie kaum an einem anderen Ort bündelt sich hier seit Jahrhunderten vieles, was Reiz und Wesen des Weinviertels ausmacht.
Der urkundlich erstmals im Jahre 1155 erwähnte und 1481 von Friedrich III. zur Stadt erhobene Weinbauort ist von einer aus dem 15. und 16. Jahrhundert stammenden und zum Teil noch erhaltenen Stadtbefestigung umgeben; Naiber- und Znaimer Turm stammen aus der Zeit um 1300. Die Tatsache, daß praktisch das gesamte Stadtgebiet mit weitläufigen Gewölben von insgesamt rund zwanzig Kilometern Länge in bis zu vier Geschossen unterkellert ist, macht Retz, das auch Standort einer berühmten Weinbauschule ist, zu einem städtebaulichen Unikat. Das Kellerlabyrinth, in dem die Temperatur zwischen acht und zehn Grad Celsius ziemlich konstant ist und etwa neunzig Prozent Luftfeuchtigkeit herrscht, ist fortlaufend numeriert, damit niemand sich verlaufen kann. Die Ganter (Faßunterlagssteine) lassen noch heute ahnen, wie viele Fässer Wein in diesen unterirdischen Gewölben, die heute vor allem musealen Zwecken dienen, dereinst gelagert wurden. 1780 etwa waren es 83000 Eimer (rund fünf Millionen Liter), 1791 sogar 91000.
Im Mittelpunkt der hochmittelalterlichen Altstadt liegt einer der schönsten und größten Marktplätze Österreichs, aus dessen Mitte das gotische Rathaus mit der Marienkapelle und dem Rathaussaal stadtturmartig emporragt. Zu den bemerkenswertesten Häusern zählen das 1576 erbaute Sgraffitohaus mit seinen reichen Bildfolgen aus der griechischen Mythologie und dem Alten Testament sowie das 1583 errichtete, zinnengekrönte Verderberhaus. Sein Torbogen diente übrigens dazu, Wagen, die auf dem sogenannten Rittsteig – einem Handelsweg zwischen Krems und Znaim – unterwegs waren, nicht zu behindern.
Architektonische Kleinodien sind der 1561 errichtete Pranger, die Mariensäule aus dem Jahre 1680, die barocke Dreifaltigkeitssäule (1744) sowie die beiden Weinbrunnen. Die 1295 erstmals er-

wähnte und in ihrer Bausubstanz auf das späte 13. Jahrhundert zurückgehende Dominikanerkirche ist eine der ersten dreischiffigen Hallenkirchen Österreichs. Die dem hl. Stephan geweihte barocke Stadtpfarrkirche birgt Kunstwerke von Martin Altomonte und Leopold Kupelwieser. Dank seiner reichen Tradition präsentiert sich Retz auch als Museumsbezirk, zu welchem neben dem in Führungen offentlich begehbaren Weinkeller auch ein Heimatmuseum im Alten Bürgerspital (Znaimer Straße), das Stadtmuseum im Rathaus, ein Weinlehrpfad im nahen Unterretzbach sowie die 1722 erbaute Windmühle am Kalvarienberg zählen. Im auf das Jahr 1490 zurückgehenden und erst jüngst wieder revitalisierten Retzer Althof (Burggasse) wurde ein Hotel und Ab-Hof-Verkauf im Vinarium errichtet.

Weinfreunde kommen auch im Retzer Weinschlößl in der Wallstraße auf ihre Rechnung, wo in einer speziell eingerichteten Hauervinothek ebenfalls die Möglichkeit zu Weinverkostung und Weineinkauf besteht.

Ausflugstips

Um einen Ausflug unter Retz, nämlich in die weitläufigen Weinkeller, zu unternehmen, kann man sich – außer im Winter – täglich um 14 Uhr am Hauptplatz 30 einfinden – von hier geht dann die Führung los. Gruppen können sich telefonisch voranmelden, um auch außerhalb dieser Zeit durch die Keller geführt zu werden; Tel. 02942/27 00

Für oberirdische Ausflüge gibt es genug Gründe im Retzer Land.

Rechts: Schloß Riegersburg
Unten: Weberkeller in Röschitz

Unter anderem kann man nach Unternalb, einem Angerdorf, das von der romanisch-gotischen Laurentiuskirche überragt wird und deren Pfarrhof vermutlich nach Plänen Johann Lukas von Hildebrandts erbaut wurde. Sehenswert ist auch der alte Freihof aus dem Jahre 1623, zu dem ein barocker Schüttkasten und ein Aussichtstürmchen im Garten zählen.
Das vor allem durch die Landesausstellung 1993 wieder in den Blickpunkt der Öffentlichkeit gerückte Barockschloß Riegersburg wurde 1730–1735 errichtet. Zwar zählt es geographisch eindeutig zum Waldviertel, jedoch hat es ein durchaus verwandtschaftliches Nahverhältnis zur Kultur des Weinviertels entwickelt, und zwar um so mehr, als das Schloß auch immer wieder als ein Teil des „Retzer Landes" Erwähnung findet.

Tip für Geniesser
Im Hotel Althof ißt und schläft man gut (siehe 4, *Mini-Restaurant-Guide)*.

Information
Umfangreiches Prospektmaterial über Retz und seine Umgebung erhält man bei der Informationszentrale „Retzer Land";
Tel. 02942/ 20 010-14
E-Mail: office@retzer-land.co.at
Ausgiebig informieren kann man sich jedoch vorweg schon am eigenen Schreibtisch:
www.retzer-land.co.at

Röschitz

Die nördlich von Eggenburg an den Ausläufern des Manhartsberges gelegene Marktgemeinde ist uraltes (mittelneolithisches) Siedlungsgebiet und zählt zu den bekanntesten Weinorten des Weinviertels.
Einen Abstecher wert ist der sogenannte Weberkeller, ♛ in dessen Lößwände Ludwig Weber, der „Michelangelo von Röschitz", seit den zwanziger Jahren Reliefs von mythologischen Szenen und Prominentenporträts in den Löß geschnitzt hat. Die Porträtgalerie

ist sehenswert: Leopold Figl ist hier ebenso zu finden wie Wolfgang Amadeus Mozart, Johann Sebastian Bach oder – Adolf Hitler. Der Weberkeller ist Teil der atmosphärischen Kellergasse im Nordosten der Ortschaft.
Eine weitere sehenswerte Rarität ist der aus Perlmuttresten erbaute Muschelgarten der Familie Reigner vor dem Haus Nr. 227.

Information
Gemeindeamt Röschitz
Tel. 02984/27 01

Schöngrabern

Die wegen ihrer romanischen Reliefdarstellungen an der Apsis auch als „Steinerne Bibel" bezeichnete Pfarrkirche Mariae Geburt zählt zu den bedeutendsten sakralen Kunstwerken Österreichs. ♛ Heftige Diskussionen gab es nur, als 1984 der Nachweis versucht wurde, daß die romanischen Darstellungen des Heilszyklus an der Außenmauer der Kirche in Wahrheit in der zweiten Hälfte des 16. Jahrhunderts von Lutheranern bei einem Bildhauer in Friaul bestellt worden seien. Die „offizielle" Lehrmeinung bleibt indessen nach wie vor bei der romanischen Datierung. 1936 wurden im Inneren des Gotteshauses auch gotische Wandmalereien freigelegt.
Im Pfarrhof ist ein sehenswertes Lapidarium sowie eine Photodokumentation über die Kirche untergebracht. Geöffnet ist das Museum vom 1. April bis Allerheiligen, Samstag, Sonn- und Feiertag von 9 bis 16 Uhr.

INFORMATION
Marktgemeinde Grabern
Tel. 02952/21 32

Schrattenberg

Die historische Weinbaugemeinde im nordöstlichen Weinviertel – sie ist auch Grenzübergang nach Tschechien – hat sich eine Reihe archaischer Elemente des Weinbaus bewahrt. Der Bogen reicht vom hier immer noch lebendig gebliebenen Hüterbrauchtum zwischen Ende August und der Weinlese bis hin zum besonders schönen Kellerviertel. Zur mythenumwobenen Grundstimmung dieser Weinlandschaft paßt es auch, daß sich die Schrattenberger Winzer den Waldschratt als Maskottchen erwählt haben und ihre Weine, zu denen – untypisch für die Region – vor allem ausgezeichnete Rotweine zählen, unter der Bezeichnung „Schrattwein" vermarkten.

EINKAUFEN
Einen Überblick über den Schrattenberger Weinbau kann man sich in der Weinboutique Ipsmiller am Radschin verschaffen;
Tel. 02555/24 324

Führungen durch ihren Weinkeller und Verkostungen bietet auch die Sektkellerei Madl;
Tel. 02555/23 92

INFORMATION
Gemeindeamt Schrattenberg
Tel. 02555/23 45

Schrattenthal

Mit knapp eintausend Einwohnern ist Schrattenthal nach Hardegg Niederösterreichs zweitkleinste Stadt. Ihren Namen hat sie nach den sogenannten „Schreteln", jenen selbstentzündlichen Gasen aus den umliegenden Sümpfen, die man früher für Irrlichter hielt.
Als gutbefestigte kleine Bauernstadt – das Stadttor ist vollständig erhalten – trotzte Schrattenthal unter anderem den Hussiten und war auch der Stützpunkt des Aufrührers Ulrich von Eitzing, der von hier aus einen Bürgerkrieg

Romanische Apsis in Schöngrabern

gegen Kaiser Friedrich III. führte. 1501 wurde hier die erste niederösterreichische Buchdruckerei eingerichtet. Von der ehemaligen Stadtbefestigung sind noch einige Reste übriggeblieben – so etwa der Hungerturm.

Sehenswert sind auch der Pranger aus dem Jahre 1542, die spätgotische Augustinuskirche sowie das 1434 von Ulrich von Eitzing zu einer Feste ausgebaute Schloß, dessen Fundamente noch aus dem 13. Jahrhundert stammen und in dem der Dichter Nikolaus Lenau einmal zu Besuch war. Das Schloß wurde mehrmals renoviert und befindet sich heute in Privatbesitz.

Information

Stadtamt Obermarkersdorf
Tel. 02942/82 04

Seefeld-Kadolz

Im Zentrum der Marktgemeinde im Bezirk Hollabrunn steht das über mittelalterlichen Grundfesten im 18. Jahrhundert erbaute Schloß, das sich seit 1629 im Besitz der Familie Hardegg befindet, die hier heute einen der größten landwirtschaftlichen Betriebe Österreichs betreibt.

Tip für Unternehmungslustige

In der auf den Steinbühel führenden Kellergasse findet jedes Jahr am Ostermontag das Weinviertler Frühlingsweinfest, die „Grean", statt.

Einkaufen

Am Schloßweingut Graf Hardegg kann man Weine und allerlei andere Köstlichkeiten (darunter Honig, Hollerblütensirup, kaltgepreßtes Raps-Speiseöl) kaufen;
Tel. 02943/21 55

Information

Gemeindeamt Seefeld
Tel. 02943/22 01
Fax 02943/34 96
E-Mail: seefeld-kadolz@netway.at

Sierndorf

Merkwürdiges kann man sich in Sierndorf, der Marktgemeinde westlich von Stockerau, ansehen: einen Tierfriedhof mit seinen auf den Grabsteinen ablesbaren Zeugnissen der Einsamkeit.

Das Ortsbild wird jedoch geprägt von einer in der Renaissance erbauten und von Graf Colloredo barockisierten Schloßanlage. Im Zentrum steht die auch als Pfarr-

Ruine auf der Staatzer Klippe

kirche dienende Schloßkapelle mit einem besonders schönen Renaissance-Flügelaltar aus dem Jahr 1516, der dem „Meister des Töpferaltars“ zugeschrieben wird.

Ausflugstip

So verdiente sich der Klerus früher ein Zubrot: In der spätgotischen Wallfahrtskirche Mariae Himmelfahrt in Oberhautzental gibt es hinter dem Sockel des Hochaltars einen Beichtstuhl aus dem 18. Jahrhundert, unter dessen Beichtgitter man einen Münzschlitz sehen kann, durch welchen die „armen Sünder“ früher als Buße ihren „Beichtkreuzer“ einwerfen mußten.

Information

Gemeindeamt Sierndorf
Tel. 02267/22 25-0

Sitzendorf an der Schmida

Die ausnehmend reizvolle und unter allen Umständen besuchenswerte Marktgemeinde in einer Schmidasenke nordwestlich von Hollabrunn besitzt mit der spätgotischen Martinskirche ein bemerkenswertes Gotteshaus und hat sich im Ortskern auch einige Renaissancegebäude wie das ehemalige Waisen- und Krankenhaus (1520), den protestantischen Pfarrhof (1562), mehrere barocke Häuser, ein Jugendstilhaus sowie einen Schüttkasten (1789) am Ortsrand erhalten. Sehenswert ist auch das am nördlichen Ortsausgang gelegene Kellerviertel.

Information

Gemeindeamt Sitzendorf an der Schmida; Tel. 02959/22 03-0, Fax 02959/22 03-9

Staatz

Mit ihren 331 Metern erhebt sich unübersehbar und markant die Staatzer Klippe 📷 mit der Burgruine aus dem 11. Jahrhundert über dem Ort. Wenn man den Aufstieg wagt – der eigentlich sogar Pflicht ist –, wird man durch einen herrlichen Rundblick bis zu den Karpaten belohnt.
Sehenswert ist auch der mittelalterliche Pfarrhof neben der Martinskirche, der im Jahre 1412 erbaut wurde.
Übrigens: Eines der schönsten geschlossenen Kellerviertel des Weinviertels liegt im Ortsteil Ameis.

Für Unternehmungslustige

Jedes Jahr im Sommer wird der aufgelassene Steinbruch an der Staatzer Klippe zur Freiluftbühne: Winnetou, Ntschotschi und Old Shatterhand machen, akrobatisch auf ihren Pferden turnend, die Gegend unsicher.

Information

Gemeindeamt Staatz
Tel. 02524/22 12

Stockerau

Die zum Bezirk Korneuburg zählende Stadtgemeinde am linken Donauufer fällt schon von weitem durch den höchsten Kirchturm Niederösterreichs ins Auge. Das Gebiet um Hörselberg und Löwenberg war bereits in der Jungsteinzeit besiedelt, und eine Fischersiedlung ist hier schon im 9. Jahrhundert nachgewiesen.

Ein paar trockene Daten: 1327 erhielt die Gemeinde das Stapelrecht, 1465 das Markt- und 1893 das Stadtrecht. Seit 1724 hat Stockerau auch als Garnisonsstadt große Bedeutung erlangt.

Ein Spaziergang durch die Stadt zahlt sich aus: Die vom 88 Meter hohen Turm der spätbarocken Stadtpfarrkirche überragte Altstadt hat sich in relativ geschlossenem Zustand bis heute erhalten, die Häuser stammen mit ihren fast durchweg barocken Fassaden im Baukern aus dem 16. Jahrhundert.

Zu den schönsten Profangebäuden zählen das Alte Rathaus (Hauptstraße), der Passauerhof (Austraße), das Passauer Kastenamt (Donaustraße), der von Jakob Prandtauer entworfene Niembsch-Hof mit einer besuchenswerten Lenau-Gedenkstätte in der Röschstraße und das sogenannte Stefskyhaus in der Hauptstraße. Unter den zahlreichen Kleindenkmälern seien die barocke Dreifaltigkeitssäule am Rathausplatz, die Pestsäule vor dem ehemaligen Bürgerspital, das Spielmann-Hansel-Kreuz aus dem 16. Jahrhundert an der Straße nach Spillern sowie die beiden Lenau-Denkmäler in der Schießstattgasse und im Niembsch-Hof hervorgehoben.

TIP FÜR WISSBEGIERIGE

Die Stadtgeschichte wird im Belvedereschlößl (Belvederestraße) seit 1984 anhand von über tausend Exponaten dokumentiert. Geöffnet ist das Museum Samstag von 15 bis 17 Uhr, Sonntag von 9 bis 11 Uhr; gegen Voranmeldung kann man auch außerhalb dieser Zeiten ins Museum;
Tel. 02266/65 188
Sehenswert ist auch das Automobilmuseum in der Schießstattgasse; geöffnet Samstag 15 bis 18 Uhr, Sonn- und Feiertag 10 bis 12 und 14 bis 17 Uhr;
Tel. 02266/64 564

AUSFLUGSTIP

Schön sind die Donauauen bei Stockerau.

INFORMATION

Touristeninformation im Rathaus
Tel. 02266/69 518

Stronsdorf

Landschaftlich eingebettet zwischen den Ausläufern des Ernstbrunner Walds und der Laaer

Ebene liegt Stronsdorf, ein früher bedeutender Handelsplatz: Von den Kaisern Maximilian I. und Rudolf II. wurde dem Ort das Recht für sage und schreibe vier Jahrmärkte verliehen.
Dem Fest Mariae Himmelfahrt ist die romanisch-gotische Wehrkirche mit ihrer barocken „Hirschenmadonna" aus dem Jahre 1747 geweiht – ihr sonderbarer Name rührt vom Stifter, einem gewissen Hirsch von Stronsdorf, her.

AUSFLUGSTIPS

In Oberschoderlee kann der versierte Spaziergänger Rippergras finden, eine Pflanze, die noch aus der Eiszeit stammt und heute unter Naturschutz steht.
Stronegg, ein Stück südlich von Stronsdorf, liegt an einem beeindruckend großen Hausberg.

INFORMATION

Marktgemeinde Stronsdorf
Tel. 02526/73 09

Doppeladler am Rathaus von Stockerau

Ulrichskirchen

Gemeinsam mit Schleinbach liegt Ulrichskirchen am Rand des Kreutwalds – was beide Orte zu einem nicht allzu anstrengenden Wanderparadies macht.
Die Rundwanderwege um den 365 Meter hohen Glockenberg, die auch durch idyllische Kellergassen führen, bieten sich besonders an, denn auf den markierten Wegen gibt es einige Erinnerungsstätten sowie einen Waldlehrpfad und eine Aussichtswarte.
Doch auch kunsthistorisch Interessierte finden einiges: Eine Steinplatte neben der Pfarrkirche könnte möglicherweise ein keltischer Opferstein gewesen sein. Die dem hl. Ulrich geweihte Pfarrkirche ist aus vielerlei Gründen interessant. Es handelt sich dabei um eine gotische, später barockisierte Staffelkirche mit einer lindenhölzernen Madonna aus der Zeit um 1300 über dem Hochaltar und einer erst vor kurzem freigelegten Gruft aus dem Jahr 1791. Das am südöstlichen Ortsrand gelegene Schloß Ulrichskirchen geht in seinen Grundfesten auf eine mittelalterliche Wehrburg aus dem 12. Jahrhundert zurück und ist heute Aufführungsort von Schloßkonzerten.
Einen Spaziergang sollte man auch den Kellergassen widmen: Von den drei vorhandenen ist die schönste jene, die in einem Hohlweg hinter dem Bahndamm liegt.

Information

Marktgemeinde Ulrichskirchen
Tel. 02245/24 32

Unterretzbach

Das langgezogene Breitangerdorf nördlich von Retz ist einer der traditionsreichsten Weinbauorte des Gebiets. Von hier aus wurden die Weine früher bis ins Felsenkloster nach Kiew und nach Schlesien exportiert, was dazu führte, daß man den Retzbachern einst unermeßlichen Reichtum nachsagte.

Einkaufen

Im nahen Mitterretzbach kann man bei Renate Slama Keramik einkaufen;
Tel. 02942/32 62

Tip für Unternehmungslustige

An Unter-, Mitter- und Oberretzbach führt der Wünschelruten-

Radwanderweg vorbei. Sollten Sie Lust verspüren, sich in der Kunst der Geomantik zu versuchen, können Sie sich im Gemeindeamt Unterretzbach eine Wünschelrute ebenso wie einen Pendel borgen;
Tel. 02942/25 13

INFORMATION
Gemeindeamt Unterretzbach
Tel. 02942/25 13-0

Unterstinkenbrunn

„Loamgrui" heißt Lehmgrube und ist in Unterstinkenbrunn kein den Waschmittelkonsum steigernder Spielplatz, sondern die erste Adresse, wenn es um Wein geht. Denn hier stehen, auf zwei Hohlwege aufgeteilt, die Preßhäuser lose nebeneinander. Und hier wird auch jährlich Mitte August ein ausgelassenes Kellerfest gefeiert, bei dem sogar ein eigener Loamgrui-Bürgermeister gewählt wird.
Der Ort ist zudem Fundort des berühmt gewordenen „Grabes der lahmen Fürstin" aus der Völkerwanderungszeit, die in ihrem Mausoleum ein halbes Kilo Gold am Leib trug.

DER BESONDERE TIP
In besonders weihnachtliche Stimmung gerät man beim Adventmarkt, der jeweils am ersten Adventwochenende im Kellerviertel stattfindet: In rund vierzig Preßhäusern werden Weihnachtsschmuck, Kunsthandwerk und bäuerlich-kulinarische Produkte angeboten. Zur Stärkung gibt's heiße Maroni und Glühwein.

INFORMATION
Gemeindeamt Unterstinkenbrunn
Tel. 02526/63 61

Wildendürnbach

180 Keller zählt das „Dorf ohne Rauchfang", das mit Recht zu den berühmtesten Kellervierteln des Weinviertels zählt. Angelegt wurde es rund um den relativ weit außerhalb gelegenen, 256 Meter hohen Galgenberg im Nordosten der Ortschaft. Abgesehen vom Kellerviertel hat man vom Galgenberg aus einen herrlichen Blick über die Laaer Ebene bis nach Tschechien.

INFORMATION
Gemeindeamt Wildendürnbach
Tel. 02523/82 52

walten. Dafür wird in Vaduz auch Weinviertler Wein getrunken. Schön und deshalb sehenswert ist die hoch über dem Ort verlaufende Kellergasse. Die Häringsmühle an der Straße nach Bullendorf stammt aus dem 17. Jahrhundert.

Wilfersdorf

Wilfersdorf, zwischen Mistelbach und Prinzendorf gelegen, ist mit seinem Kalvarienberg aus dem Jahre 1674, dem ehemaligen Wasserschloß der Liechtenstein sowie der gotischen Nikolauskirche nicht nur von kunsthistorischer, sondern auch von wirtschaftsgeschichtlicher Bedeutung. Hier schufen die Liechtenstein beispielsweise die größte Schweinezuchtanstalt Mitteleuropas. Und in der Zeit nach dem Dreißigjährigen Krieg befand sich hier so etwas wie eine Versuchsstation des Weinviertler Weinbaus. So wurde ebenda der seinerzeit beliebte Wilfersdorfer Atlantwein vergoren. Und noch heute ist der Besitz des Fürsten Liechtenstein beachtlich, und einige Gutsbetriebe sind nötig, um die Landwirtschaft ordentlich zu ver-

Tip für Unternehmungslustige

Die Hofkellerei Stiftung Fürst Liechtenstein bietet kommentierte Weinproben und Kellerführungen für 5 bis 55 Personen an;
Tel. 02573/22 19-27,
Fax 02573/22 19-47

Information

Gemeindeamt Wilfersdorf
Tel. 02573/23 66

Wolkersdorf

Der heutige Stadtkern des „Tors zum Weinviertel“ entstand vermutlich im 13. Jahrhundert. Das Marktrecht besitzt die Gemeinde seit der ersten Hälfte des 14. Jahrhunderts, die Stadterhebung erfolgte 1969. Zu den bemerkenswertesten Bauten der Stadt zählen die barocke Margarethenkirche, das im Kern aus dem Mittelalter stammende und unter Kaiser

Karl VI. zum Jagdschloß umgebaute Schloß am Ostrand, in dem heute das Bezirksgericht seinen Sitz hat, sowie die Dreifaltigkeitssäule aus dem Jahre 1714.
Das Schloß hat übrigens im Laufe seiner Geschichte schon so manchen interessanten Bewohner gesehen: Während der Schlachten gegen Napoleon war es das Hauptquartier Kaiser Franz' I., und nachdem der Kaiser der Franzosen ihn am Wagram besiegt hatte, zog Napoleon hier ein.

Kulturtip

Heinz Cibulka, Photograph, Graphiker und Freund von Hermann Nitsch, ist der Initiator von FLUSS, einem Kulturforum, das sich in erster Linie der Photographie widmet und das sein Büro im Schloß Wolkersdorf hat. Podiumsgespräche und Workshops begleiten die hervorragenden, zumindest zweimal jährlich stattfindenden Ausstellungen. ♛ Dazu gehört auch das „Kunstforum Schloß Wolkersdorf": Es widmet sich jungen Künstlern und der Avantgarde; Schwerpunkte bilden Jazz, Theater, Kunst für Kinder und bildende Kunst. Informieren kann man sich unter 02245/61 55.

Information

Stadtgemeinde Wolkersdorf
Tel. 02245/24 01-0

Wullersdorf

Wullersdorf ist – wenn man von Hollabrunn nordwärts in Richtung Mailberg fährt – schlicht nicht zu übersehen: Hier befindet sich eines der schönsten barocken Gotteshäuser ♛ des Weinviertels: die markant auf einer Anhöhe gelegene Georgskirche, deren Entwurf von Jakob Prandtauer stammt und die von Franz Munggenast fertiggestellt wurde. Sehenswert ist auch der Pfarrhof, bis vor einigen Jahrzehnten noch im Besitz des Stifts Melk.

Information

Pfarramt Wullersdorf
Tel. 02951/84 21

Schloß Wolkersdorf

Zellerndorf

In Zellerndorf im Pulkautal hat man fast den Eindruck, eine barocke verkehrte Welt vor sich zu haben: Die Kirche samt Friedhof liegt weit draußen vor dem Ort, dafür fängt die Kellergasse direkt an der Hauptstraße an. Der Grund dafür ist nicht im lockeren Lebenswandel der Bewohner zu suchen, sondern in den Bodengegebenheiten. Das Pulkautal war nämlich früher ziemlich versumpft, und die Kirche sollte auf sicherem, trockenem Boden stehen. Doch sowohl die dreischiffige, aus dem 14. Jahrhundert stammende Kirche als auch das besonders gut erhaltene und schöne Kellerviertel sind sehenswert. Wenn man durch die Kellergasse bis zu ihrem Ende auf einer Anhöhe spaziert, hat man einen herrlichen Blick über die Gegend und auf die Kirche mit dem achteckigen Karner. Ein interessanter Bau ist auch die festungsartig wirkende alte Schloßmühle aus dem 14. Jahrhundert.

Information

Gemeindeamt Zellerndorf
Tel. 02945/22 14

Zistersdorf

Die von den Kuenringern als planmäßige Stadt auf einem ehemaligen Hausberg im nördlichen Weinviertel errichtete Siedlung wurde urkundlich erstmals 1160 erwähnt.

Die Stadtburg und die heute noch sporadisch erhaltenen Befestigungsanlagen – den Pulverturm und das Stadttor sollte man gesehen haben – untermauern buchstäblich die Bedeutung, die die Stadt einst hatte.

Sehenswert ist die Stadtpfarrkirche, in der sich Altarblätter von Bartolomeo Altomonte sowie eine sehenswerte Weinbergkapelle finden.

Das Hochaltarblatt in der Wallfahrtskirche Maria Moos – sie liegt außerhalb der Stadtmauer – stammt ebenso wie jenes des Annenaltars von Paul Troger.

Sport- und Freizeittip

Markierte Rad- und Wanderwege laden ebenso ein wie ein Waldlehrpfad.

Information

Stadtgemeinde Zistersdorf
Tel. 02532/24 01

4

Mini-Restaurant-Guide

- Wo man gut schlemmen kann
- Kleine Weinviertler Winzerempfehlung

4

Die Hauptdarsteller: Fisch zu jeder Jahreszeit, Spargel im Frühling und im Norden Kürbis im Herbst.

Deutsch Wagram

MARCHFELDERHOF

Dieses außergewöhnliche Restaurant ist einen Ausflug wert: Das „Festaurant" – so die Eigendefinition – residiert in einem Biedermeierhaus, das nicht zu übersehen ist: Fahnen, Blumenschmuck, Beleuchtung; und auch das Innere präsentiert sich in gleichem Maße üppigst.

Ideal ist der Marchfelderhof für Familienfeste aller Art: Das „Junior Schlaraffenland" sowie ein Spielplatz und ein Spielzimmer bieten Kindern Spaß (und den Eltern Ruhe), und das sogenannte „Hundewirtshaus" versorgt sogar vierbeinige Begleiter.

Der Marchfelderhof hat das ganze Jahr über ohne Ruhetag geöffnet.

Bockfließer Straße 31
2232 Deutsch Wagram
Tel. 02247/22 43
Fax 02247/22 36-13
E-Mail: office@marchfelderhof.at

Eggenburg

STADTHOTEL EGGENBURG-OPPITZ

Erstklassige Küche und schöne Zimmer bietet das Stadthotel, das noch dazu attraktiv in der Kremserstraße zwischen alter Stadtmauer, „Gemaltem Haus" und Hauptplatz liegt.

Feine gutbürgerliche Hausmannskost, allerlei Fischspeisen sowie (kalorien-)sündiges, aber köstliches Süßes verwöhnt die Gäste.

Die Zimmer im Stadthotel sind alle mit Minibar und TV ausgestattet, und für Kinder gibt es Ermäßigungen.

Kremserstraße 8
3730 Eggenburg
Tel. 02984/35 31, 35 32, 35 33
Fax 02984/35 31-101

Hier kann man gut essen

Man sollte extra hinfahren

Man muß dort gewesen sein

Korneuburg

DONAURESTAURANT TUTTENDÖRFL

Hierher zu fahren, zahlt sich immer aus. Besonders schön aber ist es, an lauen Sommerabenden (Pullover nicht vergessen – an der Donau kann es ganz schön feucht-kühl werden!) an einem der begehrten Tische direkt an der Balustrade über der Donau zu sitzen. Der Küchenchef Günter Gass erhielt seine Ausbildung im Altwienerhof und im Steirereck – und das könnte das Donaurestaurant Tuttendörfl durchaus zu einem Wallfahrtsort für Gourmets werden lassen. Eine Tischreservierung sollten Sie unbedingt vornehmen; Betriebsferien sind von Weihnachten bis Mitte Jänner.

Tuttendörfl 6
2100 Korneuburg
Tel. 02262/72 485
Fax 02262/61 535

Kronberg

KRONBERGHOF

In uralter Umgebung läßt sich's im Kronberghof gut essen und trinken: Das Restaurant befindet sich in einer alten Mühle aus dem Jahr 1378.
Gleichzeitig auch Reiterhof, ist für Abwechslung – auch für Kinder – gesorgt. Und die Küche läßt kaum Wünsche offen.
Im Sommer unter den alten Bäumen im Gastgarten zu sitzen und freitags auch einmal den Gartengrill zu genießen, läßt hektisches Großstadtdasein schnell vergessen. In hübschen Komfortzimmern kann man hier auch ein Wochenende verbringen.

Am Rußbach 3
2123 Kronberg
Tel. 02245/43 04
Fax 02245/43 04-4
E-Mail: kronberghof@netway.at

Laa an der Thaya

WEILER

Im Norden des Weinviertels, schon hart an der Grenze zu Tschechien, findet sich dieses kulinarische Kleinod: Eine übersichtliche, handgeschriebene Speisekarte verlockt zu allerlei Schmankerln, die nicht nur köstlich schmecken, sondern auch wunderbar frisch sind.

Kindermenüs, Vegetarisches und ausgezeichnete Digestifs runden das Angebot nach allen Seiten ab.

Staatsbahnstraße 60
2136 Laa an der Thaya
Tel./Fax 02522/23 79

Maissau

NADERER

Der Naderer besticht allein schon mit der herrlichen Aussicht, die sich von seiner Terrasse aus bietet: Hoch vom Manhartsberg schaut man auf die gelb-grünen Wellen des Weinviertels. Die Küche ist traditionell und fein, die Komfortzimmer gemütlich. Alles in allem einen Ausflug wert.

Am Berg 44
3712 Maissau
Tel. 02958/82 334
Fax 02958/82 334-4

ZUR ALTEN SCHMIEDE

Am Fuße des Manhartsbergs, dort wo – nomen est omen – einst die Pferde vor ihrer mühsamen Manharstbergüberquerung beschlagen wurden, läßt es sich heute deftig speisen. Für späte Gäste stehen Komfortzimmer bereit.

Wienerstraße 2
3712 Maissau
Tel. 02958/82 237
Fax 02958/82 237-18

Mistelbach

ZUR LINDE

Gerda und Karl Polak führen nicht nur ein hervorragendes Restaurant, sondern auch eine wohlsortierte Vinothek. Und abgesehen von der guten Küche hat die Linde den Vorteil, direkt beim Mistelbacher Bahnhof zu liegen. „Öffentlich" Reisende haben es also besonders bequem.

Bahnstraße 49
2130 Mistelbach
Tel. 02572/24 09
Tel. 02572/24 09-3

Oberstockstall

GUT OBERSTOCKSTALL

„Essen und trinken auf dem Lande" heißt es auf der Hinweistafel gleich, wenn man nach Oberstockstall kommt – was schon stimmt, aber doch viel zu wenig sagt. Tatsache ist nämlich, daß man in Gut Oberstockstall

genießen kann wie selten sonstwo. Wenn man nämlich einmal durch das Tor in den Hof eingetreten ist und vor der alten Kapelle steht, hat man irgendwie die Unbilden der Welt hinter sich gelassen, und dem reinen Genuß, den hier Atmosphäre, Küche und Keller in fast perfekter Symbiose bieten, steht absolut nichts mehr im Wege.

Für Individualisten hat das Gut von Eva und Fritz Salomon außerdem den Vorteil, daß man zu den Öffnungszeiten (Mittwoch abends bis Sonntag mittags) auch irgendwann am Nachmittag spontan und in seliger Ruhe – sommers zwischen in allen Farben blühenden Oleanderbüschen – schlemmen kann.

Für ein klassisches Mittag- oder Abendessen empfiehlt sich eine Reservierung.

Oberstockstall 1
3470 Kirchberg am Wagram
Tel. 02279/23 35
Fax 02279/23 35-6

Orth an der Donau

UFERHAUS

Wer Fisch zu seinen Leibgerichten zählt, muß einfach ins Uferhaus, das mit einer Reihe hervorragender Gerichte längst zum kulinarischen Geheimtip geworden ist.

Uferstraße 20
2304 Orth an der Donau
Tel. 0664/180 03 22
Fax 02212/34 86

Poysdorf

SCHREIBER

Naschkatzen sollten hier das selbstgemachte Eis ausprobieren. Aber auch jene, die eher Deftiges bevorzugen, kommen beim Schreiber – in der Nähe der berühmten Riede „Saurüssel" – beileibe nicht zu kurz!

Bahnstraße 2
2170 Poysdorf
Tel. 02552/23 48
Fax 02552/23 48-4

Retz

HOTEL ALTHOF RETZ

Der riesige, revitalisierte mittelalterliche Gutshof bringt Tradition und chicen Landhausstil problemlos unter einen Hut.

Die Küche ist ausgezeichnet, die Weinkarte vielfältig (es gibt eine hauseigene Vinothek!) und die Zimmer komfortabel.

Sauna, Solarium, Dampfbad und Whirlpool versprechen zudem ein regenerierendes Wochenende.

Althofgasse 14
Tel. 02942/37 11-0
Fax 02942/37 11-55

RETZER WEINSCHLÖßL

Man sollte hier vielleicht besser zuerst die Spezialitäten aus dem nicht nur wein-, sondern auch kürbisreichen Retzer Land genießen, bevor man sich in die Kellergewölbe begibt, um dort Schluck für Schluck zwischen etwa hundert Weinen zu wählen.

Wallstraße 13
2070 Retz
Tel./Fax 02942/32 24

SCHLOßGASTHAUS KORNHERR

Dieses Restaurant ist allein aufgrund seiner geschichtsträchtigen – und gemütlichen – Atmosphäre empfehlenswert: Schon im 17. Jahrhundert befand sich in diesen Räumen des Barockschlosses eine Taverne. Die ebenso

traditionsreiche Küche entspricht dem Ambiente.

Schloßplatz 5
2070 Retz
Tel./Fax 02942/29 94

Stockerau

DREI KÖNIGSHOF

Ein uraltes Gasthaus – es stammt aus dem Jahr 1712 – mit einem reichhaltigen Angebot, das von einem Familienbrunch über speziell angebotene Saisonschmankerl bis zum ausführlichen Catering reicht: Daß man hier auch noch ganz einfach gutbürgerlich ißt und trinkt, macht den Drei Königshof zu einer der erfreulichsten Adressen in Stockerau.

Hauptstraße 29–31
2000 Stockerau
Tel. 02266/62 788-0
Fax 02266/62 788-6
E-Mail:
dreikoenigshof@netway.at

GRUBER'S WIRTSHAUS

Wallergröstl ist es, was Gourmets hier empfehlen – es soll sensationell sein! Wem der Appetit weniger nach „Fischigem" steht, findet noch immer genug auf der Speisekarte, das einem förmlich das Wasser im Mund zusammenlaufen läßt.

Donaustraße 26
2000 Stockerau
Tel. 02266/62 820

Zistersdorf

AM STEINBERG

Irrtum, die Bohrtürme, die von der prachtvollen Terrasse aus zu sehen sind, pumpen nicht – so wie es aussieht – Wein, sondern einen anderen Bodenschatz – nämlich Erdöl.
Und einmal abgesehen vom Ausblick bietet dieses Restaurant eine reichhaltige, international ausgerichtete Speisekarte und eine umfassende Auswahl aus dem reichen Angebot von Weinviertler Weinen. Wer zuviel davon probiert hat, kann in gut ausgestatteten Komfortzimmern übernachten.

Am Steinberg 1
2225 Zistersdorf
Tel. 02532/27 03
Fax 02532/27 03-7,
E-Mail: hotelrestaurantamsteinberg@netway.at

Daß es im Weinviertel zusätzlich noch eine große Anzahl innovativer und hervorragender Winzer gibt, soll hier ausdrücklich vermerkt werden. Aber auch wenn es um Wein geht, entscheiden der persönliche Geschmack und die Lust am Durchkosten und selbst Entdecken. Außerdem: Ein wirklich vollständiger Weinviertler Winzer-Guide würde ein eigenes, ganz schön umfangreiches Buch füllen. Unter der – empfehlenswerten – Internet-Adresse *www.wine.co.at* kann man Anregungen sonder Zahl suchen und finden.

Die örtlichen Gemeindeämter und Touristeninformationsstellen (siehe: *Weinviertel von A–Z)* geben gerne und ausgiebig Auskunft zu den Winzern und Rieden der jeweiligen Umgebung.

Und die zahlreichen Kellergassen- und Weinlesefeste im herbstlichen Weinviertel tun ein übriges, um Ihnen die Qual der Wahl noch ein wenig schwerer zu machen …

Hier sei in der Folge eine klitzekleine Auswahl der namhaftesten Winzer des Weinviertels gegeben. Sie alle zählen zu den hundert besten Weingütern Österreichs.

Graf Hardegg

Empfehlenswert:
Grüner Veltliner 1997 MAX Dreikreuzen; Riesling 1997 MAX Steinbügel; Weißburgunder 1997 MAX Zeiselberg; Riesling 1996 Eiswein Steinbügel.

2062 Seefeld-Kadolz
Tel. 02943/22 03
Fax 02943/22 03-10

Pfaffl

Empfehlenswert:
Grüner Veltliner 1997 Zeiseneck; Riesling 1997 Terrassen Sonnleitn; Sauvignon blanc 1997; Zweigelt/Cabernet Sauvignon „Excellent“ 1995.

Hauptstraße 24, 2100 Stetten
Tel. 02262/673 423
Fax 02262/673 661
Heuriger: 02262/39 20

Schuckert

Empfehlenswert:
Grüner Veltliner 1997 Alte Geringen; Grüner Veltliner 1997 Auslese trocken Novemberlese; Chardonnay 1995 Auslese lieblich, Barrique; Blauburgunder 1995 Barrique Reserve.

Außerdem ist jeden Samstag von 10 bis 19.30 Uhr das Antonio-Koststüberl zum Weinverkosten offen.
2170 Poysdorf
Wilhelmsdorferstraße 40
Tel./Fax 02552/23 89

Schwarzböck

Empfehlenswert:
Grüner Veltliner 1997; Welschriesling 1997; Riesling 1997; Zweigelt 1997.
Schloßgasse 21
2102 Hagenbrunn
Tel./Fax 02262/672 784
Mobil 0664/435 29 85

Setzer

Empfehlenswert:
Grüner Veltliner 1997 Ausstich; Grüner Veltliner 1997 Ried Eichholz; Sauvignon blanc 1997; Chardonnay 1997 Barrique.
3472 Hohenwarth 28
Tel. 02957/228
Fax 02957/205

Zens

Empfehlenswert:
Grüner Veltliner Kabinett 1997; Riesling 1997 Spätlese trocken; Chardonnay 1996 Atlasberg.
Holzgasse 66
2024 Mailberg
Tel. 02943/35 57 und 23 77
Fax 02943/28 03

Zull

Empfehlenswert:
Grüner Veltliner, 1997 Ödfeld; Riesling 1997 Innere Bergen; Chardonnay 1997 Klassisch.
2073 Schrattenthal 9
Tel./Fax 02946/82 17

Und last but not at least

Keinesfalls versäumen sollte man auch die Weine von Helmut und Monika Taubenschuß aus Poysdorf, deren Favoritensorte der Weißburgunder ist.
Tel. 02552/25 894

5

Weinviertler Weekend-Guide

- Die beste Weekend-Idee für jede Jahreszeit
- Hotel-, Freizeit- und Kulturtips

5

Ob zu den Indianern nach Staatz, zu den Kelten nach Asparn oder zum Kürbis nach Retz – das Weinviertel hat zu jeder Jahreszeit etwas zu bieten.

Frühling

Wenn die Luft noch frisch ist und alles zu blühen beginnt, dann ist die ideale Zeit für ausgedehnte Touren im Weinviertel – zu Fuß oder auf dem Rad. Was auch immer Sie bevorzugen, ein Frühlingswochenende im Weinviertel hilft allemal, den Winter aus der Seele und aus den Knochen zu bekommen.

☛ Das Weinviertel wäre nicht das Weinviertel, wenn das erste Fest in der erwachenden Landschaft nicht mit Wein zu tun hätte: Die „Grean" – auf Deutsch: Grün – ist ein Brauch, der bis heute in vielen Dörfern vor allem des Pulkautals noch gefeiert wird. Dieses Fest ist nichts anderes als die Gewohnheit, die sich im Lauf der Zeit entwickelt hat, daß die Winzer einander am Ostermontag bewirten und dabei den frühen Wein der Nachbarn kosten. Die Schätze der Keller werden dann erstmals ans Tageslicht geholt und dem kritischen Geschmack ausgesetzt. Kosten, fachsimpeln, dabei gut essen – das ist der eigentliche Sinn und Zweck, der Ursprung der Grean. Eigentlich also etwas fast Privates, das einst allein den ortsansässigen Weinbauern gehörte.

Aber auf ihre ganz eigene, manchmal spröde Art freundlich, wie die Weinviertler nun einmal sind, werden Gäste nicht abgewiesen, wenn Wein verkostet wird.

Und wer einmal an einer „Grean" in Hadres, Haugsdorf oder in Seefeld-Kadolz – hier findet sie in der auf den Steinbühel führenden Kellergasse statt – teilgenommen hat, wird mit Sicherheit im nächsten Jahr wiederkommen.

Zu wohnen empfiehlt sich am

besten im Schloßhotel in Haugsdorf (Tel. 02944/22 18).

Das ganze Weinviertel ist regelrecht durchzogen von Radwegen – wie ein Geflecht von Adern verlaufen sie kreuz und quer durchs Land.

Allen voran der ausführliche und wohl auch nicht an einem Wochenende zu bewältigende „Weinviertelweg“ von sage und schreibe 238 Kilometern Gesamtlänge. Aber wer für die Tour de France trainieren will, kann vielleicht wirklich hier anfangen ...

Wer es lieber ein wenig gemütlich hat, ist besonders mit einem Ausflug ins Retzer Land gut beraten. Denn hier wurden Radtouren für die ganze Familie zusammengestellt, die noch dazu hervorragend ausgeschildert sind und teilweise über die Grenze nach Tschechien ins Znaimer Land führen: Insgesamt rund vierhundert Kilometer Radwege mit so hübschen Namen wie „Weinkulturweg“ oder „Märchen-Sagen-Mythen-Radweg“ führen Sie über Hügel und Äcker – durchweg auf ruhigen Straßen. Die Streckenlängen betragen zwischen 17 (Nationalparkweg) und 82 (Märchen-Sagen-Mythen-Radweg) Kilometern auf österreichischem Boden. Alle – außer dem „Familienradweg“ mit einer Länge von fünfzig Kilometern – können nach Tschechien ins Znaimer Land ausgedehnt werden. Und einsteigen kann man in die Radwege, wo immer man möchte. Informationen kann man entweder direkt über Internet anfordern (www.retzer-land.co.at) – oder man bestellt sich die reichhaltigen Routenbeschreibungen inklusive Karten über die Tourismus-Hotline Retzer Land,
Tel. 02942/20 010-14
Fax 02942/20 011
E-Mail: office@retzer-land.co.at

Für Anhänger der Geomantik ist der „Wünschelruten-Radwanderweg“ empfehlenswert. Er führt über eine Strecke von rund zwanzig Kilometern; und ausgestattet mit Pendel, Wünschelrute und Wegbeschreibung (das alles kann man sich bei der Gemeinde Unterretzbach, Tel. 02942/25 13, besorgen) steht dem Entdecken eigener Fähigkeiten und vielleicht auch unterirdischer Quellen nichts mehr im Weg.

So richtig schön verwöhnen lassen kann man sich nach getanen Radtouren im Althof Retz (siehe: 4, *Mini-Restaurant-Guide*).

Und für alle, die es lieber kleiner und überschaubarer haben, gibt ebenfalls der Tourismusverein Auskunft über gepflegte kleine Frühstückspensionen .

☛ Wer es mehr mit Churchill hält und sich wie dieser „No sports" zu seinem Motto erkoren hat, sollte zumindest die blühenden Obstbäume nicht versäumen. Unangestrengt, entspannt und noch dazu gesund sind lange Spaziergänge mit nachfolgendem Abendessen. Ein Wochenende dieser Art vertreibt jegliche Frühjahrsmüdigkeit!

Rund um das Museumsdorf Niedersulz gibt es sogar einen „Weinviertler Obstpfad": Zwetschken, Ringlotten und Mirabellen begleiten Sie. Und abschließend – oder auch: den Spaziergang ausdehnend – kann man noch eine Runde durch das Museumsdorf machen.

☛ Ein schönes, romantisches und sehr gediegenes Wochenende kann man auch am Wagram verbringen: „Essen auf dem Lande" am Gut Oberstockstall, „Schlafen auf dem Lande" bei Ernst Vogel im Alten Winzerkeller am Roßplatz 1 in Kirchberg am Wagram (Tel. 02279/50 210).

☛ Für künstlerisch Versierte gibt Ernst Vogel mehrmals im Jahr Aquarell-Kurse. Diese sind meist pauschal mit einem Diner im Gut Oberstockstall und dem Nächtigen im Alten Winzerkeller verbunden. Nichtmalende Begleiter(-innen) sind herzlich willkommen! Die Termine für Aquarell-Kurse erfahren Sie unter der oben genannten Telefonnummer.

☛ Ein Wochende auf einem Reiterhof ist ein herrliches Abenteuer für Kinder – zum Beispiel am Kronberghof (siehe: *4, Mini-Restaurant-Guide*).

In erster Linie das Land um Laa an der Thaya bietet Vielfältiges zum Thema Wanderreiten an. Zahlreiche Reiterhöfe geben Reitunterricht oder veranstalten lange Wanderritte – für Frühaufsteher besonders schön ist ein Ausflug zu Pferd in der aufgehenden Morgensonne.

☛ Und abschließend noch einmal zum Wein: Bei der Poysdorfer Weinwoche im April kann man allerlei verborgene kulturelle und kulinarische Schätze kennenlernen. Und der Wein steht sowieso im Mittelpunkt!

☛ Zu Pfingsten findet die Poysdorfer Weinparade statt. Rund

siebenhundert Weine werden zum Verkosten und Kaufen angeboten! Übernachten kann man beispielsweise im Schwarzen Rössl am Dreifaltigkeitsplatz 11
(Tel. 02552/23 40).

Sommer

Im Weinviertel, wo das pannonische Klima vorherrscht, sind die Sommer heiß und trocken. Und um ein Wochenende im Weinviertel zu verbringen, gibt es Gründe genug.

☛ In Ernstbrunn gibt es seit 1999 (Ende Mai/Anfang Juni) ein neues Festival: „Con Anima", bei dem die Pflege von Kammemusik im Mittelpunkt steht.
Die Veranstalter haben es sich zur Aufgabe gemacht, weniger herkömmlichen Konzertbetrieb – hie Künstler, da Publikum – als vielmehr eine fast intime Hausmusikatmosphäre zu schaffen. So heißt das Festival im Untertitel denn auch „Artists in Residence", was einfach bedeutet, daß die Künstler während der Festspielzeit vor Ort und ansprechbar sind.
Außerdem gibt es öffentlich zugängliche Proben. Ein „Picknick-Konzert", der „Open Music Day" und ein großes Abschlußfest runden dieses außergewöhnliche Musikfestival ab. Ein Programm erhält man unter 01/402 03 92 (Fax 402 03 93).

☛ Ende Juni finden im Museum für Urgeschichte in Asparn an der Zaya „Keltentage" statt, die mit einem fulminanten „Keltenfest" ihren Abschluß finden. Besonders für Kinder ist das ein spannender Anlaß, sich mit dem alten Volk der Kelten zu beschäftigen – und das auf unterhaltsame Weise: Allerlei Aktivitäten laden zum Mitmachen (oder auch nur zum Zuschauen, ganz nach Naturell) ein. Da kann man Töpfern, Spinnen und Weben. Könner führen Kunststücke auf Pferderücken und Streitwagen vor, und wer Lust auf fremde Sprachen hat, kann sich Märchen und Lieder in Gälisch anhören. Informieren kann man sich direkt beim Museum: 02577/80 39.

☛ Ab Juli verwandelt sich die Staatzer Klippe in den Wilden Westen: Aufregende Pferdestunts, spannende Indianergeschichten und der Sieg der Guten über die Bösen werden kleine und große Kinder begeistern. (Büro der Ju-

gendfestspiele: siehe 3, *Weinviertel von A–Z*)
Als Rahmenprogramm bietet sich Staatz mit seiner erwanderungs- und entdeckungswürdigen Umgebung an. Und auch im Juli und im August gibt es genug Weinhauer, die ihre Kellertüren einladend offen haben.

☛ Am ersten Sonntag im August findet in Pulkau der Hauerkirtag statt. Da geht es hoch her mit Wein und allerlei Bäuerlich-Kulinarischem. Und wer schon immer einmal in einer alten Mühle übernachten wollte, kann hier die Gelegenheit beim Schopf packen und das in der Pension Zur Mühle bei Senta Babion tun.
(Tel. 02946/23 77)

Herbst

Der Herbst im Weinviertel gehört selbstredend dem Wein. Allerorten steht er jetzt endgültig im Mittelpunkt des Interesses, und überall werden Feste gefeiert, die dem Wein gewidmet sind. Informationen zu den schönsten oder lustigsten Events einzelner Orte finden Sie in Weinviertel von A–Z.

☛ Ende September findet in Retz das Bezirksweinlesefest statt. Es gibt einen Hauermarkt mit bäuerlichen Produkten, eine Winzerumzug, der Weinbrunnen am Hauptplatz sprudelt, und ein Feuerwerk setzt dem Vergnügen die Krone auf.

☛ Gleichzeitig mit der Weinviertler Messe findet im September in Poysdorf das Bezirkswinzerfest statt. Mehr als dreißig offene Keller in der Kellergstetten laden ein, den Wein zu kosten und sich langsam aber sicher für den Winter zu versorgen.

☛ In die Keller der möglicherweise schönsten Kellergasse des Weinviertels, in Falkenstein, führt „Wein – Kunst – Kultur": Musik und Kulinarisches, Wein, Sturm und die Werke von Künstlern aus der Gegend kann man sich Mitte September zu Gemüte führen. Und für die Kinder gibt es einen kleinen Streichelzoo.

☛ Aus unverfälscht biologischem Anbau sind alle Weine und alle anderen kulinarischen Köstlichkeiten, die Sie Anfang Oktober in Falkenstein durchkosten und einkaufen können: „Die Kräfte der Natur erleben" nennt sich diese Veranstaltung.

☛ Retz hat nicht nur Wein zu bieten, sondern auch Kürbisse: Ende Oktober findet das große Kürbisfest im Retzer Land statt: ein umfassendes Festprogramm, das sowohl Erwachsenen als auch Kindern viel Spaß macht! Und wer jenseits solcher Vergnüglichkeiten noch dazu gerne Kürbis ißt, ist kulinarisch an diesen Oktobertagen in Retz und in seiner Umgebung gut aufgehoben, denn jeder gastronomische Betrieb, der etwas auf sich hält, bietet appetitliche Spezialitäten aller Art aus den „Bluzan" an.

Winter

Wenn der Winter ins Weinviertel einzieht, hat man das Gefühl, daß sich die Landschaft unter der Frostdecke in den Winterschlaf begibt. Nebel hängt über den Hügeln, und es ist noch stiller als sonst.

☛ In Maissau kann man auf den Loipen mit Langlaufskiern über die Hügel fahren. Danach kann man sich im Hotel-Restaurant Naderer (siehe 4, *Mini-Restaurant-Guide)* ein gemütliches, wärmendes Wochenende gönnen.

☛ Wer gerne auf Natureis schlittschuhläuft, ist gut beraten, dies in Neudorf bei Staatz zu tun, wo der örtliche Teich winters zum heißgeliebten Eislaufplatz wird. Und beeindruckende 25 Hektar mißt der Landschaftsteich in Bernhardsthal, wo man winters ebenfalls auf dem Eis tanzen kann.

☛ Wem im Winter der Wein ausgeht, kann ein gemütliches Wochenende im Althof zu Retz verbringen und mit genügend Wein bis zur nächsten „Grean" im Frühling beladen wieder heimfahren.

6

Register

Bildnachweis

Impressum

6

Bildnachweis

Hans Peter Graner, Wien: 59
Manfred Horvath, Wien: 44/45, 107, 117
Krahuletz- Museum, Eggenburg: 19
Österreich Werbung: Diejun: 32, 57, 91; Grünert: 73; Haider: 128; Himsl: 120/121; Jezierzanski: 52/53; Markowitsch: 46/47, 83; Mayer: 108/109; Neuwirth: 10; Ramstorfer: 38; Schön: 78/79; Simoner: 31, 40/41, 49, 70, 84, 89, 95, 113; Trumler: 69, 82, 114; Wahrmann: 22/23; Wiesenhofer: 2/3, 12/13, 29, 54/55, 81; Zischek: 110; Archiv Zwickl: 24
Archiv Hermann Nitsch: 102, 103
Tourismusverband Östliches Weinviertel, Archiv: 9, 15, 16/17, 20, 25/26, 33, 71, 75, 80, 93, 96/97, 100, 109, 126, 136
Gerhard Trumler: 37, 86, 129
Kurt-Michael Westermann, Wien-Hamburg: Titelbild, 4/5, 6/7, 43, 48, 50, 62, 67, 68, 77, 85, 104, 118, 125, 130/131, 138/139

Die Deutsche Bibliothek - CIP-Einheitsaufnahme

Wagner, Christoph: Das Weinviertel : Zauber der Weite /
Christoph Wagner.
Wien : Brandstätter, 1999
(Österreich in der Tasche)
ISBN 3-85498-030-2

Gedruckt mit Unterstützung des
Tourismusverbandes Östliches Weinviertel.

1. Auflage
Der graphische Entwurf des Werkes stammt von
Kraxenberger KommunikationsHaus GmbH, München.
Der Entwurf des Schutzumschlages – das Bild zeigt
eine Riede im östlichen Weinviertel –
sowie die technische Betreuung oblagen Franz Hanns.
Das Lektorat besorgte Christopher Dietz.
Die Gesamtherstellung erfolgte bei Druckerei Berger in Horn.
Gesetzt wurde aus der Sabon, 8,5 auf 10,5 Punkt.

Die Karte „Weinviertel“ stammt vom Verlag Quirin Haslinger, Linz

ISBN 3-85498-030-2

Christian Brandstätter Verlagsgesellschaft m.b.H.
A-1010 Wien, Schwarzenbergstraße 5
Telephon (+43-1) 514 05-0
Fax (+43-1) 514 05-230
E-Mail: cbv@oebv.co.at

In der Reihe
ÖSTERREICH IN DER TASCHE
herausgegeben von
CHRISTOPH WAGNER
sind bereits erschienen

DAS WALDVIERTEL
Magisches Land an der Grenze
von Andrea Riegl
Mit Photographien von Franz Hubmann, Gerhard Trumler u. a.
144 S. mit 63 Farb-Abb.
ISBN 3-85447-687-6

DAS STEIRISCHE WEINLAND
Garten der Heiterkeit
von Klaus Egle
Mit Photographien von Lois Lammerhuber u. a.
144 S. mit 64 Farb-Abb.
ISBN 3-85447-784-8

IN VORBEREITUNG:

NATIONALPARK HOHE TAUERN
Paradies in den Salzburger Alpen
(erscheint im Herbst 1999)

DAS MOSTVIERTEL
DER NEUSIEDLER SEE
DIE KÄRNTNER SEEN